DONGGUAN SHI ZHENGFU ZHILIANG JIANG

ZUZHI ZHILIANG GUANLI MOSHI JIJIN

东莞市政府质量奖

组织质量管理模式集锦

刘继云 赖俊锋 等 ◎ 编著

图书在版编目（CIP）数据

东莞市政府质量奖组织质量管理模式集锦 / 刘继云等编著 . — 北京：企业管理出版社，2023.6

ISBN 978-7-5164-2851-1

Ⅰ . ①东…　Ⅱ . ①刘…　Ⅲ . ①企业管理—质量管理—研究—东莞　Ⅳ . ① F279.276.53

中国国家版本馆 CIP 数据核字（2023）第 104817 号

书　　名：东莞市政府质量奖组织质量管理模式集锦
书　　号：ISBN 978-7-5164-2851-1
作　　者：刘继云　赖俊锋　等
策　　划：侯春霞
责任编辑：侯春霞
出版发行：企业管理出版社
经　　销：新华书店
地　　址：北京市海淀区紫竹院南路 17 号　　邮编：100048
网　　址：http：//www.emph.cn　　电子信箱：pingyaohouchunxia@163.com
电　　话：编辑部 18501123296　　发行部（010）68701816
印　　刷：北京虎彩文化传播有限公司
版　　次：2023 年 6 月第 1 版
印　　次：2023 年 6 月第 1 次印刷
开　　本：710 mm × 1000 mm　　1/16
印　　张：17 印张
字　　数：200 千字
定　　价：78.00 元

前　言

高质量发展是全面建设社会主义现代化国家的首要任务。2017 年，中国共产党第十九次全国代表大会首次提出高质量发展的新表述。2021 年，习近平总书记接连强调“高质量发展”，可见其意义重大。过去的十多年，以政府质量奖评审的方式引导组织对照卓越绩效准则进行评估、寻找改进空间，从而促进行业管理水平、自主创新能力、产品质量和经营效益的提升，已经成为许多地区增强产业竞争力、推动高质量发展的重要途径。

1951 年日本在全球范围第一个设立了国家质量奖——戴明奖，1987 年美国设立了波多里奇国家质量奖，欧洲也于 1993 年设立了欧洲质量奖，为这些发达国家和地区持续保持在国际市场中的领先地位发挥了重要作用。在充分学习借鉴世界先进国家和地区成功经验的基础上，结合经济产业发展实际，我国于 2004 年发布了《卓越绩效评价准则》国家标准，全国各地陆续启动了质量奖评审工作。

2009 年，国际金融危机给广东省东莞市经济发展带来严重冲击，保增长、扩内需、调结构被提上日程，东莞市委市政府要求树立典型示范标杆，引领经济发展方式转变。当年 5 月 25 日，东莞市第十三次党政领导班子联席会议批准设立东莞市政府质量奖，东莞成为全省地级市中率先设立政府质量奖的城市。2009 年 12 月 7 日，东莞市人民政府印发《东莞市政府质量奖评审管理办法》，明确东莞市政府质量奖是东莞市人民政府设立的最高质量奖，由市政府批准、表彰或奖励，授予在东莞市登记注册，质量管理成效显著，产品和服务、经营质量、自主创新能力和市场竞争力等在行业内处于领先地位，对东莞市经济社会发展做出卓越贡献的组织，每年评选一次，每次获奖组织数量不超过 2 家，每家获奖组织奖励 100 万元。自 2010 年开始首届评选，迄今已十余年，获奖组织数量由每年 2 家扩充到“3+6”家（每两年评选出 3 家授予政府质量奖、6 家授予政府质量奖鼓励奖）。2022 年，东莞市市场监督管理局开展了 2022 年度东莞市导入卓越绩效管理优秀单位项目，积极培育东莞市政府质量奖后备梯队。未来，东莞市还将进一步扩充奖项，加快东莞组织对先进质量管理方法的应用和创新，激励更多组织提升全面质量管理水平，培养先进质量人才，助推东莞的质量工作持续走在全省乃至全国前列。

这些获奖组织代表了东莞各行业优质诚信的质量品牌，它们践行了“创新驱动，质量引领”的城市质量精神，为东莞建成“全国质量强市示范城市”做出了突出贡献。在东莞，每一家优秀组织的朴实初心和远大愿景，汇聚成了建设“湾区都市，品质东莞”的磅礴力量，助力东莞在“双万”新起点上加快高质量发展。为总结和推广东莞市组织质量管理的新理念、新模式和新方法，东莞理工学院和东莞市市场监督管理局选取了 2020 年以来获得东莞市政府质量奖或被评为东莞市导入卓越绩效管理优秀单位的 16 家组织作为案例，提炼出各组织先进且有独特性的质量管理成功经验，形成本书。我们相信，通过学习这些优秀成果，能够有效促进全市各行业在产品质量、服务质量、管理水平以及社会责任等方面持续提升，实现卓越的品质和效益。

本书分 16 章，涉及 16 家组织的质量管理模式或质量管理实践，由东莞理工学院经济与管理学院刘继云院长、东莞市市场监督管理局赖俊锋二级调研员以及叶柱棠、渠啸、金树、蔡冰如、陈海东等工作人员在 16 家组织提交的政府质量奖或导入卓越绩效管理优秀单位申报材料的基础上编著而成。

东莞理工学院是中国质量研究与教育联盟的成员单位，下设的广东省社会科学研究基地质量与品牌研究中心和东莞质量与品牌发展研究院，以产业、企业的质量与品牌为主要研究对象，不断推出相关的研究成果。本书是广东省社会科学研究基地质量与品牌研究中心、东莞质量与品牌发展研究院的阶段性研究成果之一。东莞市市场监督管理局、中集集团集装箱控股有限公司、东莞市宇瞳光学科技股份有限公司、OPPO 广东移动通信有限公司、慕思健康睡眠股份有限公司、东莞宜安科技股份有限公司、东莞市民兴电缆有限公司、广东海新智能厨房股份有限公司、东莞金洲纸业有限公司、东莞市华美食品有限公司、中储粮油脂工业东莞有限公司、广东合通建业科技股份有限公司、东莞市隐贤山庄景区投资有限公司、广东铭利达科技有限公司、东莞市豪顺精密科技有限公司、祥鑫科技股份有限公司对本书出版给予了大力支持，在此一一表示感谢。当然，本书成书较为仓促，可能存在错漏之处，恳请广大读者不吝赐教，我们将虚心听取意见，及时更正。

目 录

中集集装箱："战略·创新"双驱质量管理模式

一、组织概述

中集集团集装箱控股有限公司（以下简称公司）是中国国际海运集装箱（集团）股份有限公司（以下简称中集集团）全资子公司，是中集集团规模最大、历史最悠久的业务板块，1982年进入集装箱制造领域，2012年从中集集团独立，成立子业务板块并公司化运作，2021年实现营业收入580亿元，财务净利润102亿元。

公司作为全球集装箱行业领导者，自1996年起产销量稳居世界第一，是全球唯一能提供全系列集装箱产品和拥有完全自主知识产权的制造商，主要产品包括干货集装箱、冷藏集装箱、集成装备、模块化建筑、新材料等。

公司为总部型企业，截至2021年底，下属集装箱制造基地或企业共有 14 个，按照统一销售、统一设计、统一采购、分布制造模式运作，业务已覆盖全国 21 个区域，设立 2 个研究院和 6 个技术中心，累计授权专利 1606 件。同时，作为中国集装箱标准化技术委员会副秘书长单位，在 ISO/TC 104 国际集装箱标准化组织拥有 1 名分技术委员会主席和多名注册专家，主导和参与制定国际、国家和行业标准 38 项。

二、质量管理制度、模式或方法产生的背景

公司推行冠军产品引领的“战略·创新”双驱质量管理模式（以下简称双驱模式），以“以人为本，共同事业”的人力资源理念为保障，推动冠军产品战略实现，成为所进入行业的受人尊重的全球领先企业。“战略·创新”双驱是整个体系的核心，战略驱动是以 5S 管理体系为抓手，自上而下梳理公司发展战略并推动实现，为创新驱动指明方向；创新驱动是以改善创新体系为基础，自下而上开展业务改善和创新，为战略驱动提供支撑。双核联动推动冠军产品战略实现（见图 1–1）。

公司双驱模式是不断完善和进步的先进管理模式，通过领导力 ABC 计划、共享共建和看板管理等方式，在实践过程中持续优化，驱动组织持续提升竞争力。

公司经过多年快速发展，业务规模已达百亿级，下属企业越来越多，业务越来越多元，管理幅度和难度逐渐加大，原有管理模式不足以支撑公司长远发展，迫切需要建立匹配组织发展的现代化管理模式，双驱模式应运而生，其主要分为三个阶段。

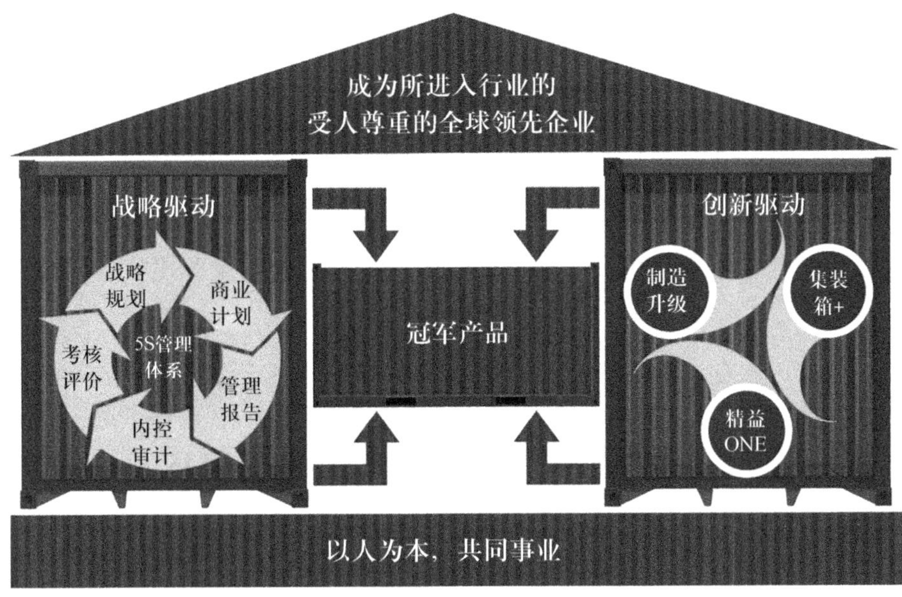

图 1-1 "战略·创新"双驱质量管理模式

第一阶段：构建并全面导入精益 ONE 模式。从 2007 年开始，由于原材料及人工成本不断上涨，外部竞争加剧，公司迫切需要先进管理模式推动转型升级。2008 年起，公司对标丰田 TPS、联合技术公司 ACE 等，通过公司和下属企业协同实践，历经 15 年开发出适合中集制造产业的精益 ONE 模式（ONE 即 Optimization Never Ending，持续改善永无止境）。该模式让全体员工以问题为导向，开启了持续不断的全员改善。

第二阶段：全面导入 5S 管理体系。2012 年，中集集团根据"升级行动"的整体要求，正式启动组织升级，探索集团分层管理和战略管控的模式，并最终确定以华润 6S 体系为标杆，构建具有中集特色的 5S 管理体系。公司作为中集集团 5S 管理体系的主要构建单位，在 2014 年全面导入和推广，5S 管理体系成为公司战略管控的基础体系。

第三阶段：启动“三大计划”，并构建双驱模式。2018年，公司将科技创新和人才发展提升到战略高度，并陆续启动了“龙腾计划”“倍增计划”“磐石计划”三大计划，专项推动制造升级、业务创新和人力资源体系优化。2020年，根据多年探索和实践，对现有管理模式进行总结和提炼，最终形成具有公司特色的双驱模式，并持续优化。

三、质量管理制度、模式或方法的主要内容和要素构成

双驱模式借鉴了顾客导向、持续改善、全员参与、PDCA管理、战略管控等现代管理理论和理念，通过2个核心驱动和1个基础保障，推动公司冠军产品战略实现。

（一）战略驱动的5S管理体系

5S管理体系是基于分层管理的战略管控体系，以满足客户需求为出发点，应用PDCA管理理念，通过战略规划、商业计划、管理报告、内控审计、考核评价5个子体系的高效运转，推动公司战略目标实现。

1. 战略规划体系

战略规划体系是5S管理体系的起点，通过该体系确定愿景目标，明确细分市场与价值链定位，进而构建产业核心竞争力。同时，分解出实现规划目标的战略举措，并梳理战略执行所需组织、人力等方面的能力保障，使职能发展与公司整体战略目标一致。

2. 商业计划体系

商业计划体系是5S管理体系的核心，担任承上启下的角色：其向上承接战略规划，并通过战略规划分解细化年度行动计划和预算，保证战略规划落地执行；向下指导管理报告体系与考核评价体系，并为其提供管理依据。

3. 管理报告体系

管理报告体系是5S管理体系的支撑，聚焦商业计划落实和跟进。管理报告分为财务报告、经营报告、专题报告三类。财务报告满足基础数据收集、合并及对外报告需求；经营报告反映实际经营成果，除财务指标外，还关注行动计划和投资预算等执行情况；专题报告聚焦战略任务和新变化的管理和跟进。

4. 内控审计体系

内控审计体系是5S管理体系的保障环节，可分为内部审计与内部控制两方面。内部审计是对战略、计划、预算的执行情况和效果进行审计认定，并将其作为对组织和经理人考评的依据，内部控制是有效防范经营风险，二者结合发挥“内审为矛、内控为盾”的监督保障作用。

5. 考核评价体系

考核评价体系是5S管理体系的落脚点，解决战略导向下如何激励的问题。该体系关注商业计划中明确的KPI、行动计划的完成情况，传递公司的管理导向，以实现各层级单位及经理人对战略的承接。在此基础上，逐步推动构建长短期指标相结合、关注竞争优势建立过程的综合考评机制。

（二）创新驱动的改善创新体系

改善创新体系聚焦公司的内在驱动和业务发展，包括基于精益 ONE 的持续改善、基于智能化的制造升级、基于“集装箱 +”的业务创新，三位一体推动公司转型升级。

1. 基于精益 ONE 的持续改善

精益 ONE 体系是一套不断进化的管理体系，经过 15 年持续不断的体系优化，已从职能改善进化到卓越运营。精益 ONE 是一套工具方法、一个引领企业进步的机制、一种文化理念和一个人才育成的殿堂，是竞争对手不可复制的能力，共经历三个阶段。

精益 ONE 1.0——聚焦企业职能和生产效率提升

精益 ONE 1.0 聚焦各职能内部的纵向打通，按照单元模块的开发思路，解决各职能的具体问题。该体系以问题精神为核心，以杜绝浪费的生产方式和效率化工作法为两大支柱，推动持续改善。

精益 ONE 2.0——聚焦公司经营效率提升

精益 ONE 2.0 是在单元模块开发的基础上，聚焦各模块之间的横向贯穿。将各模块要素中能够共同作用的点结合在一起，形成一套端到端流程的管理套路，横向贯穿产品链、供应链和客户服务链等价值链。对接公司和下属企业的战略，以全员、全方位、全价值链的精益改善支撑战略落地，匹配卓越运营的思想。

精益 ONE 3.0——高标引领，迈向卓越

精益 ONE 3.0 是站在公司整体的角度，通过高标引领，牵引核心企业迈向卓越。在卓越运营方面，以精益 ONE 体系为基础，借鉴波奖（即

波多里奇国际质量奖）、国标、深圳市市长质量奖三个标准，建立《中集 ONE 卓越营运评价标准》，从领导、战略、顾客、员工、创新、运营、测量分析和知识管理等维度构建中集 ONE 卓越运营评价管理体系，以评价提炼最佳实践并推广应用，识别企业业绩结果和管理过程短板，牵引企业迈向卓越。

2. 基于智能化的制造升级

制造升级主要通过"龙腾计划"推动实施，以数字化、智能化引领技术升级为关键方向，以智能制造技术中心为主要推进和实施组织，通过价值链分析设定研发目标，打造智能化、精益化、绿色化的集装箱制造工厂。该计划成立了六大专项推进组，实施范围覆盖公司 17 家下属企业，并设立以人效为核心指标的七大目标，推动公司制造升级。

该计划按照"分工段研究""分散做样板工程""成果单点复制与整线复制结合"的三层推进模式，在不同阶段分别实施预算评审、方案评审、施工评审、节点评审、验收评审等多维度评估与风险管控，并全程关注知识产权管理和知识积累，确保每个阶段的成果有效输出并达成阶段目标。

3. 基于"集装箱 +"的业务创新

通过"倍增计划"和"加速营计划"等业务创新，加快"集装箱 +"业务发展，并成立专项推进组织，通过产品规划、业务孵化、机制创新、资源配置、业务协同等方式，激发组织活力，支持企业产品升级和业务创新，加快外延扩张，推动增量业务快速发展。

为进一步推动公司冠军产品战略实现，公司启动了"加速营计划”，从商业应用和推广的视角，通过专项资金支持和专业赋能，对有广阔市场前景、能够建立技术壁垒的产品立项扶持，鼓励企业积极参与，并享受项目商业推广成功后的高额利润分成。该技术与市场相结合的模式激发了企业参与研发创新的热情，目前已批复“加速营”项目的研发预算已超过6300万元，预计未来商业推广后实现100亿元以上的收入。

4. 基于“以人为本，共同事业”理念的人力资源保障体系

公司一直践行“以人为本，共同事业”的人力资源理念，这也是双驱模式的重要支撑。公司启动了“磐石计划”人力资源项目，通过各级员工培养计划和激励机制，为业务发展持续输出各方面人才。其中：员工培养计划包括A计划、Z+系列、T计划、F计划、X计划等，构成从一线员工到管理干部的多层级常态化学习体系；激励机制包括从一线员工到核心干部，从短期激励到长期激励的各级配套机制。

四、质量管理模式在实践应用过程中的典型做法及成效

通过全员参与、数字化转型升级、看板拉动和机制牵引，推动公司双驱模式高效有序运转，并在业绩和管理方面取得了较大突破。

（一）典型做法

1. 全员参与，这是体系高效有序运转的基础

双驱模式有效运转，离不开公司全体员工的参与。管理层作为体系

的发起者和构建者，始终践行"一把手工程"，在体系运行过程中全程参与，并提供指导、决策和资源支持；基层管理者是体系运转的核心，负责体系构建、优化和实施，并通过建立各专项组织和运行机制，推动体系高效有序运转；一线员工是精益 ONE 体系的主要实施者，通过标准化、创意工夫、ONE 小组、工序内造就品质、TPM 等精益活动，推动现场"作业 + 改善"，并逐渐活跃公司的改善氛围和塑造公司的精益文化，这也是"全员参与"的主要体现。

2. 数字化转型升级，这是体系高效有序运转的支撑

通过数字化运营体系和智能制造体系的建设和融合，推动公司数字化转型升级。其中：数字化运营体系支撑业务高效运营和决策，并为 5S 管理体系提供基础支持；智能制造体系推动制造现场两化融合，并为改善创新体系提供支持，持续赋能生产一线改善和创新。

（1）数字化运营体系。推动企业内部业务管理和运营，聚焦"软件"方面升级，构建以企业资源管理系统（以下简称 SAP）为核心，与外围系统集成的一体化管理信息平台。系统涉及营运、技术、生产、采购、物料、质控、财务等 7 大职能，共计 155 个流程。公司数字化运营体系建设蓝图如图 1–2 所示。

SAP 系统是数字化运营的核心，为业务管理和运营、流程改善、经营分析和决策等提供支持和保障，目前系统已成功上线运行，并已覆盖所有箱类企业。其他外围系统是对 SAP 系统的补充，由业务管理系统和支持系统组成，目前大部分已上线使用和推广。其中：业务管理系统是结合业务现状开发的适合各价值链环节的个性操作管理系统，主要涉及订单管理、采购管理、产品设计、制造管理和运输管理等；支持系统是

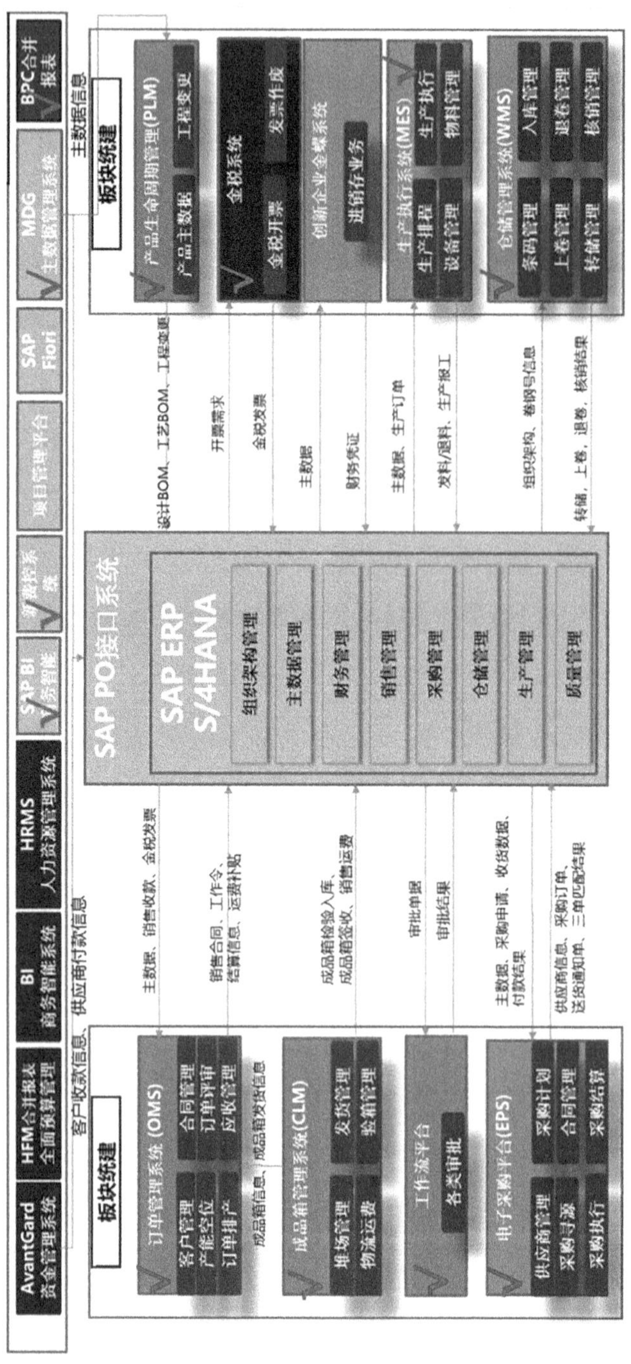

图 1-2 公司数字化运营体系建设蓝图

对 SAP 系统提供支持和数据应用的系统，主要涉及预算管理、项目管理、人力资源管理、财务管理等。

（2）智能制造体系。推动企业的智能制造，聚焦"硬件"方面升级，通过物流网、大数据、智能化等先进信息技术和手段的应用，推动制造现场数字化和智能化，并配合精益 ONE 体系的推广和应用，共同推进企业制造升级。目前开发系统包括生产管理系统、能源管理系统、数字化安全管理系统等，并已在部分企业试点和推广应用，未来按数字化工厂建设蓝图持续推进（见图 1–3）。

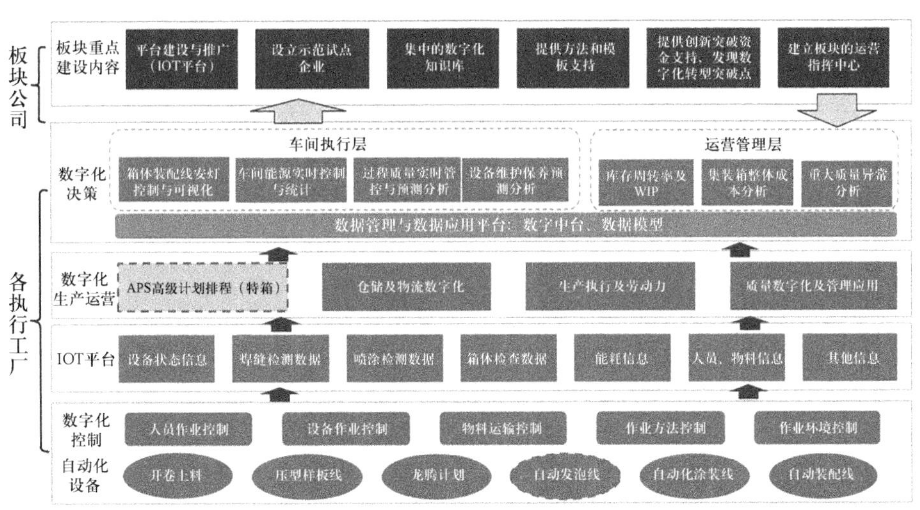

图 1–3 数字化工厂建设蓝图

3. 看板拉动和机制牵引，这是体系高效有序运转的推进器

（1）看板拉动。看板拉动是公司多年以来长期坚持使用的管理工具，是基于数据事实，通过横向对标、内外部对标等，寻找并解决企业短板和差距，并拉动体系不断改善和优化。在双驱模式下，公司建立了

固定的看板和报告体系，通过看板拉动，定期复盘体系运行和目标达成情况，推动企业持续改善和优化。公司看板和报告体系的主要构成如图 1-4 所示。

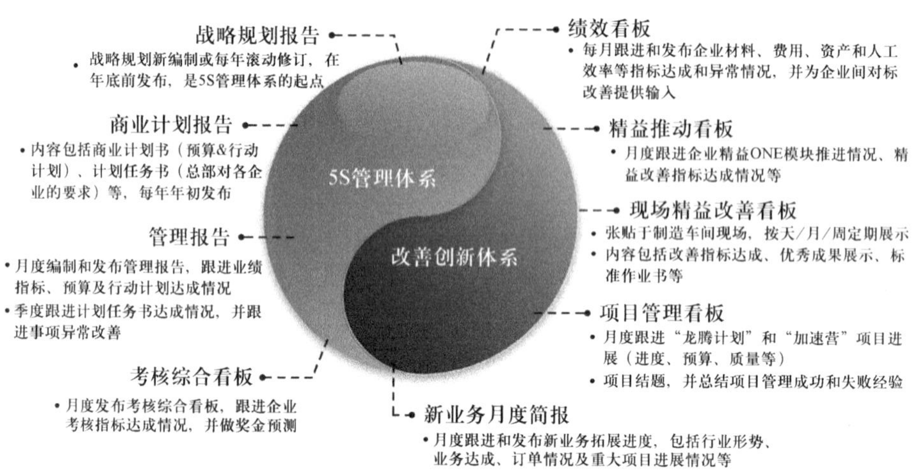

图 1-4 公司看板和报告体系的主要构成

为提升成本综合竞争力，公司从 2009 年开始实行成本看板目视化管理，通过看板动态目视各企业的经营业绩、库存和能源消耗等指标进展，推动企业间的良性竞争，以内部标杆引领更深层次的标准化改善，扩大共享面，积累知识并固化传承。为满足双驱模式管理的需要，将看板管理升级为中集绩效管理方法（PEAK），系统性构建绩效改善体系，提升公司整体的成本管控能力，稳固市场占有率和提升盈利水平。

（2）机制牵引。机制牵引是双驱模式高效有序运转的主要推动力，是以组织绩效和经理人考核体系为基础，以针对不同业务的专项激励和业务管理机制等为驱动，推动双驱模式高效有序运作和持续改善，保证体系活力和生命力。

（二）取得的成效

1. 冠军产品打造

打造世界冠军产品一直是公司的使命和抱负，从1996年诞生第一个冠军产品以来，目前已经诞生了7个冠军产品。随着公司逐渐向"集装箱+"领域拓展，箱式模块化建筑、数据中心、能源集成装备等业务已具备一定的规模和行业影响力，将是未来打造冠军产品的主要方向。

2. 通过管理模式的高效运转，助力整体经营业绩快速增长

得益于新战略下的业务驱动和管理升级，近年来公司的整体业绩大幅增长，收入、财务净利率、净资产收益率等各项业绩指标同比大幅向好。2021年实现收入580亿元，同比增长200.5%；财务净利率17.6%，同比增长9.0%；净资产收益率76.7%，同比增长55.5%。

3. 通过精益改善和技术创新，成熟业务的综合竞争力大幅提升

通过精益改善和技术创新，成熟业务市场占有率、成本、效率、质量、安全、自动化等各项指标大幅提升，作业环境大幅改善，改善氛围日益浓厚，精益文化逐渐形成，综合竞争力全面领先竞争对手。

4. 通过产品研发和新业务拓展，增量业务快速发展

由于传统集装箱制造业务发展遇到瓶颈，发展增量成了近年来公司的主旋律。通过"倍增计划"等专项推动，增量业务收入规模大幅增长，2021年达到65.5亿元，2016—2021年复合增速为24%，并孵化出模块化建筑、数据中心、能源集成装备、新材料等明星业务。

五、质量管理制度、模式或方法的创新性和推广价值

（一）先进性和独创性

公司双驱模式是充分借鉴华润和丰田等世界级企业的先进管理模式，并经过十多年的不断总结和优化而形成的具有公司特色的先进管理模式，其先进性和独创性体现在以下方面。

首先，双驱模式既通过 5S 管理体系推动战略目标实现，又通过改善创新体系保证组织活力和竞争力，双体系合力驱动企业有质增长。

其次，5S 管理体系是一套逻辑严密的集团化战略管控体系，既厘清了战略规划制定的商业逻辑，又通过 PDCA 管理闭环有层次、有逻辑地推动战略规划的落地执行和评价。

再次，精益 ONE 体系是经过多年探索和实践而总结形成的先进管理模式，既有系统化的改善工具，又有效率化的工作方法，在注重改善结果的同时，更加强调精益理念和文化的塑造。

最后，全面应用智能装备、物联网、大数据等先进技术和装备，打造了行业领先的数字化标杆工厂，成功从传统制造转向智能制造。

（二）推广价值

公司双驱模式已被下属企业全面导入并推广应用，统一了公司上下的管理语言，并成为公司日常运营和改善的管理工具。其中，5S 管理体系和精益 ONE 体系在中集集团内已全面覆盖和推广应用。作为体系构建

者，公司多家企业已成为集团标杆示范企业，并在集团内外输出了先进管理经验，进一步验证了该管理模式的先进性和生命力。

从产业链上下游企业来看，主要以制造型企业为主，其商业模式、人员结构、生产方式、价值链流程等大部分与公司相同，非常适合全面或部分引入公司双驱模式。目前公司已对外输出很多精益 ONE 体系管理实践，在社会上产生了较大的影响力。同时，凭借该管理模式，公司 5 家下属企业获得了当地市长质量奖荣誉。

2

宇瞳：聚焦产业链打造数字化赋能全流程质量协同管理 MMDP 模式

一、组织概述

东莞市宇瞳光学科技股份有限公司（以下简称公司）成立于 2011 年 9 月 6 日，注册资金 33681.0666 万元，于 2019 年 9 月 20 日在深圳证券交易所创业板上市，股票代码为 300790。总部设立在东莞市长安镇，主要下属企业有上饶市宇瞳光学有限公司、东莞市宇瞳汽车视觉有限公司、江西宇瞳教育科技发展有限公司、东莞市宇承科技有限公司。公司专注于光学产品的研发、生产、营销和售后服务，秉持“为社会的安全与进步提供视觉支点”的企业使命，为国内外客户提供性能卓越、品质优良的光学产品。产品被广泛应用于安全防范、车载光学、车载镜头、新光学等领域。

公司坚持“持续满足客户对产品质量的需求”的质量管理理念，通

过了 IPQES 管理体系，包括 ISO 9001、IECQ-QC 080000、IATF 16949、ISO 14001、ISO 45001、SA 8000 和 GB/T 29490 等体系，以及 CE 认证，构建了 MMDP 管理模式，保障质量优势和产品性能。

二、质量管理制度、模式或方法产生的背景

公司遵循行业发展规律，抓住制约行业发展的材料技术和模具技术瓶颈，大力研发关键共性技术，突破了塑胶替代玻璃、玻塑混合技术，改变了光学镜头以玻璃作为主要原材料的局面，通过模具技术进一步提升产品精度和质量可靠性，同时运用数字工艺进行全流程和全产业链改造，实现了公司由劳动密集型企业向数字化企业的转型，并通过数字技术实现与供应链上下游企业的质量协同，将精益求精的工匠精神和质量理念通过数字毛细血管输送到公司内部和外部供应链各环节企业质量控制的神经末梢，逐步形成"聚焦产业链打造数字化赋能全流程质量协同管理 MMDP 模式"（以下简称 MMDP 模式），全面满足顾客在质量、成本、交期、服务等方面的需求，助力公司快速健康发展。公司产品质量高于国际竞争对手的同类产品，实现了卡脖子技术的进口替代，成为名副其实的行业"隐形冠军"。

光学镜头行业的核心技术体现在镜头光学设计、结构设计、制品技术、产品加工工艺、品质管控水平等诸多方面。早期光学镜头光圈小、像质差、良率低、夜视效果差、可靠性差、品控水平低。随着信息技术的不断发展，新型消费电子、智能家居、智慧城市等新业态对光学镜头的需求发生了天翻地覆的变化。同时，政府主导、公安部牵头的"3111

工程”“平安城市”“智慧交通系统”等重大安防项目给行业带来了巨大机遇。公司洞察市场动态与行业发展趋势，精准把握客户需求，抓住材料技术和模具技术这两个牛鼻子，借助独特的数字工艺，形成MMDP模式，通过“供应链赋能，产业链前移”实现全产业链、全方位的产品质量管控，将全面质量管理、全员质量管理拓展到全产业链质量管理，丰富了全面质量管理的内涵和外延。

三、质量管理制度、模式或方法的主要内容和要素构成

MMDP模式以全面质量管理（TQM）为理论基础，结合《卓越绩效评价准则》（GB/T 19580—2012）的核心理念，以“为社会的安全与进步提供视觉支点”的使命为出发点，围绕“推动行业发展，做行业领跑者”的愿景，从社会需求尤其是客户需求出发，将公司运营过程解析为市场调研、研发过程、供应链生态、生产过程、销售过程、绩效测量六个核心过程，精准识别光学镜头产品质量的关键控制环节。通过材料技术（M）、模具技术（M）破解传统光学镜头质量控制难题；通过标准化、计量、检验检测、认证认可、知识产权等加强质量基础设施能力建设；通过打造工匠精神，使质量理念深入人心，将全员质量管理的“全员”拓展到公司全员和供应链上下游企业相关人员；借助数字工艺（DP）和智慧工厂建设，将通过材料技术和模具技术进行质量控制的经验在全产业链共享。公司提供标准化厂房、设备（特别是拥有自主知识产权的模具）和统一的质量控制标准，邀请供应商入驻宇瞳园区，通过

产教融合开发教材、校企合作建设实训基地、校企合作开发项目、开办宇瞳技工学校等方式实现全产业链、全流程的质量协同管理；人力资源体系和绩效考核体系作为模式的支撑体系，确保模式运行的各个环节具有激励和约束机制，从而奖优罚劣、奖勤罚懒，激发员工参与质量变革的积极性，使模式能够持续改进，与时俱进地满足利益相关方的需求。

聚焦产业链打造数字化赋能全流程质量协同管理 MMDP 模式如图 2-1 所示。

图 2-1　聚焦产业链打造数字化赋能全流程质量协同管理 MMDP 模式示意图

四、质量管理模式在实践应用过程中的典型做法及成效

（一）典型做法

1. 材料技术

公司历来重视技术创新，2021 年研发投入 1.43 亿元，占同期营业

收入的比重为6.48%。公司基于“坚守光学镜头主航道，以客户为中心，以市场需求为导向，在产业升级、市场开拓等方面实现质的突破；在核心技术、人才培养、供应链管理等方面做出新成效，成为全球光学行业长期领导者”的总体战略，建立“宇瞳光学技术体系”（见图2-2）。

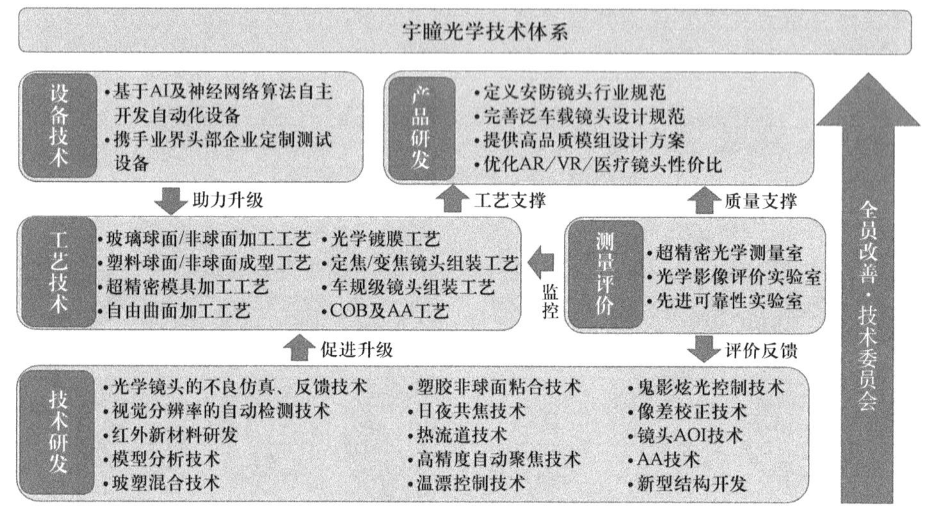

图 2-2　宇瞳光学技术体系

公司拥有省市两级智能制造行业（机器视觉镜头）工程技术研究中心，设立了广东省博士工作站，与浙江大学、西安工业大学、长春理工大学、东莞理工学院进行产学研合作，聘请21名外部技术专家担任技术顾问，建立多元化科技创新平台，为持续的技术创新奠定基础。

公司精准把握制约光学镜头质量的关键环节和技术，对行业本质具有深刻洞察力，聚焦对产品质量具有决定作用的材料技术创新，十年磨一剑，突破了玻塑混合镜头设计技术、非球面加工技术、塑胶非球面成

型技术、超星光彩系列技术等，替代了进口产品，解决了制约我国光学镜头领域发展的卡脖子技术问题，大幅度降低了生产成本，减少了资源和能源消耗，将光学镜头产业带入绿色生态发展时代。

2. 模具技术

光学镜头是高精度产品，产品质量与模具技术密切相关。精密光学模具制造是光学镜头产品生产的核心环节，对镜头组装的良率和成像有较大的影响，模具主要通过改变需成型材料的物理状态来实现物品外形的加工。模具具有加工效率高、互换性好、节约原材料的特点，模具制造水平的优劣直接影响企业的镜头产品质量，并且未来光学镜头市场将更加偏好于更为高清的镜头产品，因此模具自主化至关重要。为解决模具这个决定产品质量的瓶颈，公司加大力度进行模具技术创新，自建模具产能实现前端自主化，通过自制模具加快模具供应，辅助塑料镜片与结构件的批量生产。公司自制模具支撑塑胶非球面镜片、模压玻璃非球面透镜和光学镜头零部件的生产。公司引进了全球限量生产的高端设备，如美国超精密单点金刚石车床、日本 CNC 加工中心、瑞士豪泽坐标磨床、韩国激光蚀刻机、日本 NC 内外圆磨床、日本精密自动磨床等，确保了模具设备在行业内的领先地位；配置了德国精密三坐标测量仪（0.3μm，全球仅 10 台）、英国真圆度测量仪、日本超高精度测量仪、美国 3D 光学粗糙度轮廓仪（白光干涉仪）、日本自动影像测量仪、日本测量显微镜等国际领先的检测设备；在玻璃非球面镜片成型工艺方面，通过自主开发玻璃非球面镜片成型工序并购置进口全自动注塑机、超高精度三维测量仪、进口全自动模压机、全自动塑胶镜片胶合机等高端装备，对模压、胶合、组装等原有工序进行了全方位的自动化和数字化改造，大幅提升了生产效率、产品良率，减少了用工成本及产品成本，实现了高成像质量、高良率、低成本的玻璃非球面镜片以及一体式镜头模组的批量化生产；在超精密模具同轴度、超精密模具表面处理、塑胶非球面真空成型、模造玻璃自动机械手、PVD 膜层、P 镜片自动胶合等工艺技术上处于行业领先水平。

3. 数字工艺

公司引入工业物联网技术，自主研发自动化生产设备，推行 C2M 先进制造模式。建立覆盖开发、采购、生产、质量、销售、物流、财务、顾客、员工等的全方位、多层次信息管理系统，为信息流、技术流、资金流、人员流、物料流、过程流的集成和整合提供一体化的管理体系。通过大数据平台服务，提供实时数据分析看板，为领导层提供决策支持，助力提升核心竞争力。信息管理体系以 ERP 为核心，整合 PLM、OA、HR、CRM、SRM、WMS、MES 以及 CAD、Creo 等设计软件，形成了具有兼容性、前瞻性和实用性的数字化系统。启动 MES 项目，通过数字化生产设备实现与外界的信息交换、资源共享、能力协同等，系统对组立机、模压机实施全覆盖，实时监控设备生产数据、设备状态，能对设备 OEE 进行分析，自动完成运营管理驾驶舱报表，实时跟踪车间生产订单情况以及实现能源（电）的实时监控。数字化转型实现了业财一体化、研发生产 / 成本管控一体化、供应链管控一体化、生产车间业务智能化和经营分析 / 决策辅助数据化。

公司通过云服务系统进行数据管理，利用 5G 赋能园区联网通信，实现车间、办公楼网络无线化，方便移动终端等接入网络办公。MES 联通车间的每个工序，实时采集生产数据、设备状态、过程品质、能源控

制等数据，实现人员、物料、设备、信息和工具在生产作业计划中的“集成”，奠定精益制造管理的基础。公司自动化生产线覆盖率在90%以上，利用MES配合ERP、WMS、厂务系统，将能源数据、生产数据、设备数据、生产过程数据、排产数据、质量数据、原料、库存等信息集成在数据化运营平台中，打破信息孤岛，使生产过程透明化、可控化，通过智慧展厅实时呈现，提升了管理效能和质量控制效率，数字化程度达到行业领先水平。

公司MES云服务系统如图2-3所示。

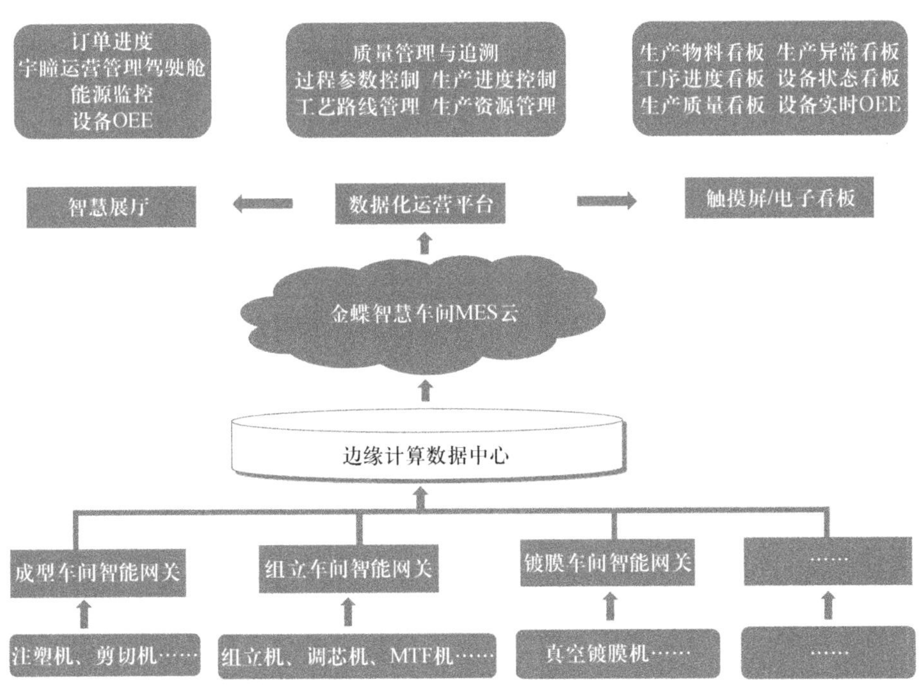

图2-3　公司MES云服务系统

公司生产车间大数据可视化系统如图2-4所示。

公司通过搭建数据化运营平台，利用大数据技术构建产出敏捷管理

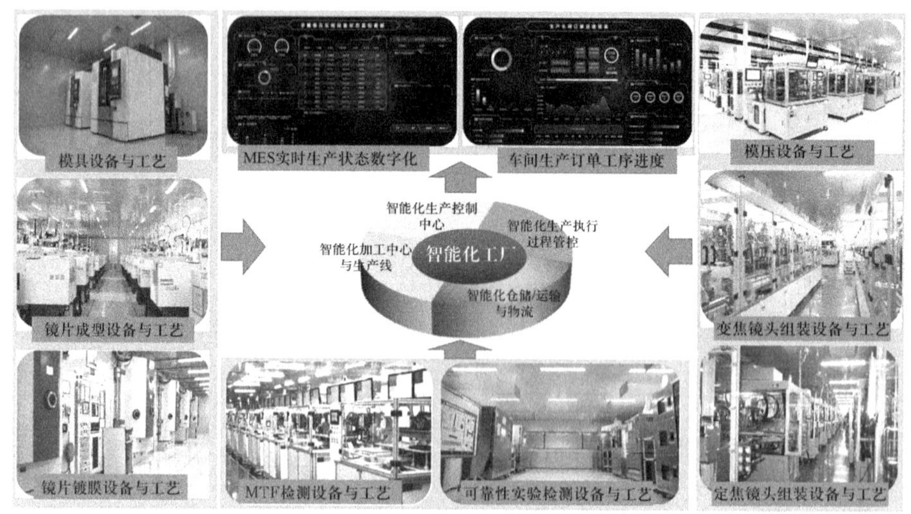

图 2-4 公司生产车间大数据可视化系统

闭环模式，实现能源数据可视化、物流信息可视化、生产信息可视化，同时吸收归纳客户、供应商等上下游信息，结合市场需求变化，为企业的技术创新、工艺优化、产品性能升级提供支持服务。信息管理体系以 ERP 为核心，整合 PLM、OA、HR、CRM、SRM、WMS、MES 以及 CAD、Creo 等设计软件，形成了全覆盖、无死角的数字化系统。

4. 质量协同

公司以“材料技术、模具技术、数字工艺”为抓手，建立健全质量管理体系，按照 ISO 9001、IATF 16949 质量体系的要求，以客户需求为导向，严控质量源头和体系建设，持续推行全面质量管理。公司采用日本和德国进口的光学设备，以数据作为检验品质的标准，将视觉成像与数据相结合，通过“干涉仪、分光仪、UA3P 面型检测、高低温测试、灯光、解像、实拍、镜头出货检、振动检测”等步骤，层层把关，确保产品质量的可靠性和精密性。公司鼓励全体员工参与改进和创新，不断

提升核心竞争力，实现绩效指标的持续向好。公司开展精益安全生产、QC 小组、6S 管理等活动，运用 PDCA 循环改进管理流程，使各层级形成战略合力。公司技术委员小组主导各部门、生产现场对产品设计开发、生产制造、经营服务中存在的问题或具有持续改善空间的地方提出改进专案，如 2019—2021 年提出执行率提升、涂墨机效率提升、自制组立机效率 / 精度提升等 19 个改善专案及 114 项改善提案，创造的直接收益超过 3 亿元。

公司建立数字化供应链协同管理平台，集成多方资源和竞争优势共同开拓市场，降低产品前期高额成本，与供应商建立长久和紧密的战略合作伙伴关系，形成强赋能型新型管理机制。建立库存管理模块、出货管理模块、订单管理模块、查询管理模块、对应关系管理模块、报价管理模块。其中，库存管理模块中有库存导入，方便供应商查看对应的物料库存。出货管理模块中有出货计划，供应商可以实时查询公司的出货计划，从而有针对性地制订出货计划。订单管理模块中有供应商订单，可以让供应商查看到公司下的订单；装箱即对订单对应的物料进行装箱，拆箱即对订单对应的物料进行拆箱；当用户完成物料的装箱，即可生成送货单。

为缩短材料供应时间，解决因供应商交期长而影响供应链整体交付的问题，公司将重要供应商本地化，打造 2H 供应圈，发掘和评估广东省内有供应实力的物料供应商，推动进入 2H 供应圈，提升服务水平，同时通过数字技术将资源有机结合，形成完整的供应链体系，实现资源利用最大化，降低库存成本，保证公司运营的稳定性和安全性。广东省内进入 2H 物流圈的供应商超过 20 家，有效缩短了物料供应周期。

通过打造上饶光学园区，将国内光学供应资源整合，对配套供应商集中管理，提升了价值产业链及产品供应效率。供应商统筹集中管理有利于评估供应资源和供应力量，更好地服务于生产，实现便捷管理，显著提高成本和物料质量管控成效。目前已有27家核心供应商入驻上饶园区集中管理。

为避免原材料品质不能满足要求，实现供应商品质与公司品质协同，公司将材料检验标准、检验方法、检验工具前移到供应商，将材料检验标准、生产过程质量控制标准、生产工艺参数、工艺流程控制标准、检验作业指导书、检验工具、模具技术提供给供应商；在质量稳定性管控方面，通过线上线下教育培训、案例分享、供应商互访等方式，协助供应商改善和提升质量管理水平；借助系统化工具公平公开评价供应商，通过取长补短实现与供应商的共赢。公司肩负振兴光学产业的使命，开办了宇瞳技工学校培养光学产业新生代，弘扬工匠精神，打造精品专业，实现为企业输送人才，使行业发展后继有人，助力产业可持续发展。

（二）主要成效

实施MMDP模式以来，公司产品质量取得了突飞猛进的发展，助力公司在光学镜头市场的占有率达到42.7%，位居全球第一，成为行业“隐形冠军”。

1. 打破国外垄断，替代进口产品

公司在高分辨率定焦、星光级定焦、大倍率变焦、超高清、安防监控一体机镜头等中高端光学镜头领域独占鳌头，在玻塑混合镜头设计

技术、非球面加工技术、塑胶非球面成型技术、超星光彩系列技术等卡脖子技术上取得了突破。自主研发镜头主筒材料塑胶，代替金属材质，有效提高了产品质量的一致性，优质品率从 60% 提升到 90%，产品成本降低了 80%。在行业内首创玻塑混合技术，将球面与非球面有机融合，创造性地将塑胶材料应用于安防镜头，用塑胶镜片代替玻璃镜片，提高了像差矫正精度，使像质更加清晰；使光学镜头能承受高低温 –40℃~80℃的冲击，在温度快速和大幅波动的情况下确保监控成像的清晰度；将组件结构做得更小，使可视门铃、家庭看护、迷你机型等小结构产品的结构更为精巧，产品成本降低率高达 60%。公司的核心技术助力提高产品性价比，不断降低成本，提高产品质量和生产效率，从而颠覆了行业格局，打破了日本（佳能、蔡司、奥林巴斯）和德国的技术垄断，让中国企业成为全球安防镜头的领导者。

2. 产品质量性能领先，得到业界广泛认可

公司多项产品荣获广东省高新技术产品称号，先后获得“2017 年中国安防（高清智能摄像机）最具影响力十大品牌”“2018 年度雪亮工程建设推荐品牌”“2019 CPSE 安博会金鼎奖”“2019 年度中国智慧城市建设推荐品牌”等行业奖项。与竞争对手和标杆相比，公司技术和质量领先优势明显。

3. 经济效益持续向好，财务指标在行业中领先

公司从顾客和相关方的需求和期望出发开发新技术、新产品，不断开发性价比高的产品系列，在新冠疫情期间仍然逆势增长，2019—2021 年营业收入增长 67.5%，利润总额增长 136.57%，取得了良好的经济效益。

五、质量管理制度、模式或方法的创新性和推广价值

（一）技术推广价值

在光学镜头行业，公司自主研发镜头主筒材料塑胶，代替金属材质，在行业内首创玻塑混合技术，这些关键核心技术在行业内得到广泛认可，被舜宇光学、凤凰光学、福光股份、联合光电等同行企业采用，打破了日本和德国在安防镜头领域的长期垄断，降低了进口依赖度，提高了材料的可替代性，大幅度降低了行业材料的平均成本，促进了光学镜头行业的可持续发展。公司积极参与国家、省市、企业内部光学标准的制定，受全国光学和光子学标准化技术委员会光学材料和元件分技术委员会邀请，参与制定国家标准《光学和光子学 光学薄膜第 1 部分：减反射膜基本要求》，出版专业书籍《光学设计基础理论与生产工艺》《光学镜头设计装配与测量技术》等，建立宇瞳技工学校传承公司技术，引领行业发展。

（二）模式推广价值

公司建立的 MMDP 模式有效地带动了光学镜头行业上下游企业的协同发展，为行业提供了借助数字化实现全产业链质量协同管理的有效方式，不仅在光学镜头领域具有可推广性，也可以用于上下游关系较为紧密、质量控制较难的产业。省市政府领导视察公司，充分肯定了公司聚

焦产业链打造数字化赋能全流程质量协同管理 MMDP 模式及对产业链上下游的带动作用。公司与其他行业领域龙头企业实现了协同创新，共同促进民族企业发展。

3

OPPO："All for one"用户体验质量管理模式

一、组织概述

OPPO 广东移动通信有限公司（以下简称公司）成立于 2003 年，是一家民营企业，一直秉承"科技为人，以善天下"的使命，已成为全球领先的智能设备创新者，当前业务涵盖手机、智能电视、穿戴、声学以及其他配件等产品。OPPO 业务遍及 50 多个国家和地区，拥有 280000 个销售网点及 2500 个服务中心，在中国、印度、印度尼西亚、土耳其、巴基斯坦等地拥有十大智能制造中心，在中国、美国、日本共设有六大研究所，并在伦敦设有全球设计中心。

2021 年，OPPO 在中国手机市场的份额位居第一，全球市场份额位居前三（含子品牌），OPPO 手机搭载的 ColorOS 在全球已拥有 5 亿月活用户。2021 年，公司总营收 2023 亿元，同比增长 33%，实现净利润

68.6亿元，三年复合增长率32.4%，近三年累计纳税71.4亿元，出口创汇超过300亿美元。

科技创新是OPPO的核心竞争力，公司拥有丰富的专利积累与储备。当前OPPO已在40多个国家和地区布局专利，截至2021年，OPPO全球专利申请超过75000件（发明专利超过68000件，占比超90%），全球授权量超过34000件。根据国家知识产权局公布的2021年中国发明专利授权数量，OPPO以4179件居第3位。在技术探索上，OPPO已发布首款自研芯片——马里亚纳X，进入研发深水区。

二、质量管理制度、模式或方法产生的背景

1. 快速发展，适应外部环境变化的需要

OPPO在过去的发展过程中把握中国宏观趋势，抓到四次机遇，包括人口增长红利、城镇化推动下沉市场发展、智能手机普及与移动互联网快速发展、娱乐营销发展。当前中国处于发展新时期，投资、消费和进出口都发生了变化，中国市场存在内需扩大和科创升级两大机会点。

2007—2019年，3G/4G快速发展，全球智能手机快速普及。2020—2025年，5G开启，全球终端厂商迎来第三轮洗牌，面临全要素、立体化竞争，各厂商只有打造新的竞争优势和极致用户体验，进入第一阵营，才能建立领先地位。从原来单一的DVD到智能手机，到互联网业务，再到IoT业务，OPPO的业务布局逐渐拓展，对业务能力与管理能力的要求也逐渐提升。

2. 品牌全球化，提升国际竞争力的需要

OPPO 展现给全球市场的形象是“致力于服务本地的全球性科技企业”，但当前不确定性加剧，贸易限制措施增加，去全球化、保护主义以及新冠疫情已成为全球贸易、供应链的突出风险。但风险与机遇并存，公司也顺应全球产业和价值转移的趋势，把握机会在全球科技产业价值链获得一席之地，推动多元本地化与全球业务协同，实现国内、国际双循环。因此，公司也需要确定性路径与方法来应对外部的不确定性以及全球化的竞争。

3. 健康长久，满足公司可持续发展的需要

OPPO 的愿景是成为更健康、更长久的企业，可持续发展是公司的长期目标与不懈追求。OPPO 从消费电子行业进入科技行业，必须紧跟趋势、看透本质，以未来视角布局现在，拥抱万物互融的新时代。OPPO 致力于为全球用户提供多场景无缝体验的数字生活，成为研发技术驱动的生态型科技公司，打造世界一流品牌。因此，公司需要将制造型企业的传统管理模式与互联网、物联网、5G、大数据、AI 等科技创新相融合，以更科学、高效的管理模式推动公司高质量、可持续发展。

三、“All for one”用户体验质量管理模式的主要内容和构成

1. 继承与应用，创建具有 OPPO 特色的用户体验质量管理模式

公司始终坚持“质量是企业健康长久发展的基石”的质量理念，通

过复盘与总结近年来质量管理的成功经验，按照 ISO 9000 及 TL 9000 体系的要求，引入 KANO 模型、卓越绩效模式，并吸收业界领先的管理经验，如 BLM 模型、IPD 体系等标杆实践，结合 OPPO 研发技术驱动的生态型公司定位，适配到公司的组织与流程，形成 OPPO 最佳实践，逐步构建出"All for one"用户体验质量管理模式，并随着公司持续发展朝着效率更高的方向灵活应用和优化。"All for one"用户体验质量管理模式如图 3–1 所示。

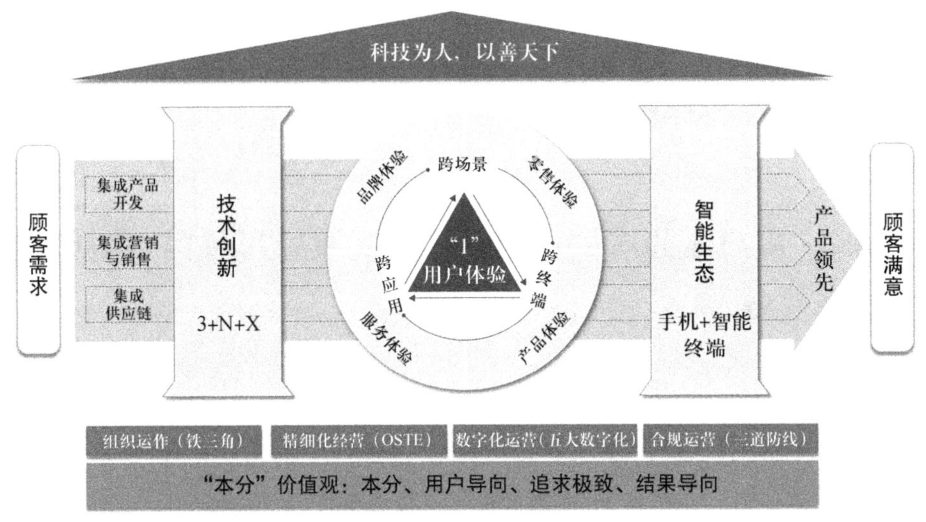

图 3–1 "All for one"用户体验质量管理模式

2. OPPO 质量管理模式各要素之间的关系及实现路径

OPPO 质量管理模式的整体思路来源于公司科技创新型企业的特点及坚持的质量方针、理念。该模式秉承"科技为人，以善天下"的公司使命，以"本分"价值观为基石，包含一个中心（"All for one"，一切以用户体验为中心）、两大支柱（技术创新与智能生态）、三大端到端价值创造过程（集成产品开发、集成营销与销售、集成供应链）、四大管理能力支撑（组织运作、精细化经营、数字化运营、合规运营）。

顾客需求是公司经营的起点，OPPO始终坚持以用户体验为中心，通过技术的不断创新，打造以智能手机为中心的智能生态体系，包括各类IoT产品和软件服务等，以领先的产品帮助用户实现跨场景融设备、跨终端融用户、跨应用融数据的智慧生活，提供任何时间、任何入口和任何空间里的一致性体验，实现顾客满意。同时，公司的系统化能力还包括业务模块和管理能力产生的协同效应，公司从组织运作、精细化经营、数字化运营和合规运营四个方面全面支撑业务开展，实现目标统一、资源合理、效率最优。

四、用户体验质量管理模式在实践应用过程中的典型做法及成效

（一）用户体验质量管理模式释义及典型做法

“科技为人，以善天下”是OPPO的品牌信仰和使命。OPPO相信科技是以人为本的，是有人性、有温度的，科技也是利他共赢的，可以普惠用户、客户和社会中的每一个人，让人与世界都更加美好。这八个字一直融入在OPPO的企业文化、公司战略、合作之道以及产品创新方式中，也深植于OPPO的基因里。简而言之，“为人”和“为善”是推动OPPO科技创新的原动力。

OPPO的“本分”价值观帮助公司隔离外在的压力和诱惑，保持平

常心态，回归事物的本源，使公司把握住合理的发展方向，做正确的事。以此延伸，“用户导向、追求极致、结果导向”是 OPPO 人正确做事的理念与方式。

1. 一个中心：“All for one”，一切以用户体验为中心

公司始终把用户放在战略核心位置，由关注技术发展延伸至为用户创造价值，打造极致体验。“All for one”是 OPPO 聚集一切能力提升用户体验的最终目标，是 OPPO 把用户体验作为第一优先级的体现，更是所有部门围绕用户体验行动的纲领。

“All for one”的落脚点是 NPS，通过为用户提供“智慧懂你、无缝连接、信赖安全、创新设计”的产品与服务，进而不断提升带给用户的价值。公司从品牌体验、零售体验、产品体验到服务体验端到端打造用户体验地图与服务蓝图，建立起以 NPS 为北极星指标的分层分级用户体验监测体系，通过不断改善各环节峰值体验与魅力质量，提升 OPPO 的用户口碑，打造世界一流品牌。NPS 用户体验体系如图 3-2 所示。

2. 两大支柱：技术创新 + 智能生态

（1）技术创新。OPPO 始终坚持技术创新，通过用户需求和前沿技术双轮驱动，围绕用户核心需求，将“技术研究”与“技术开发”并举，解决用户关键问题，布局万物互融时代的技术底座，并持续对前沿技术进行探索，形成“3+N+X”的科技跃迁战略。“3”代表硬件、软件、服务三项基础技术，“N”代表 OPPO 构建的能力中心，如人工智能、安全隐私、多媒体、互联互通等能力，“X”代表差异化技术，如影像、闪充、新形态、AR 等。按照“3+N+X”的架构，公司以 36 个 TMG（技术管理组）实施精细化管理，实现技术从规划到运营的一体化，夯实

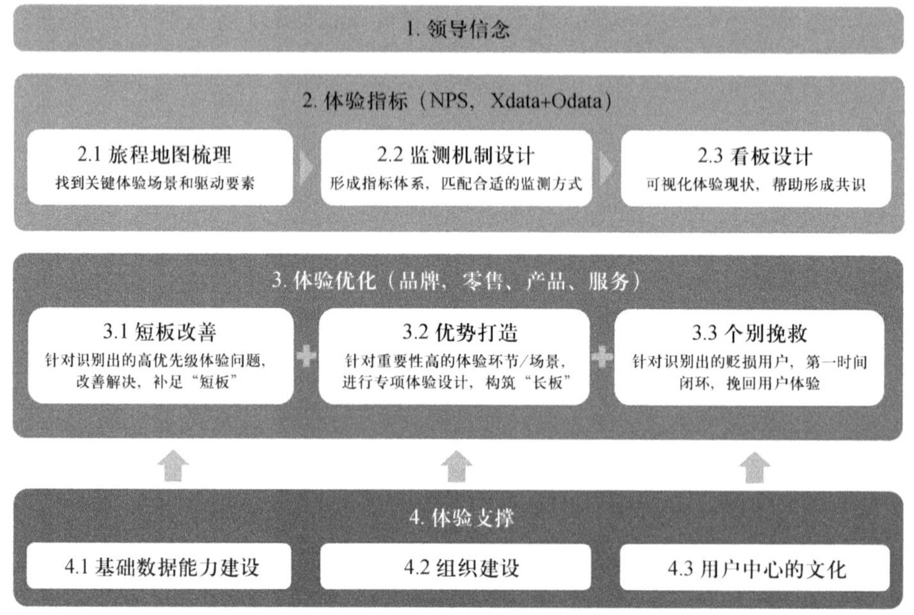

图 3-2 NPS 用户体验体系

研发基础，并通过合理的激励政策，鼓励内部积极创新，打造“工程师乐园”。

（2）智能生态。OPPO 基于对万物互融时代的深入洞察，认为其发展将经过三个阶段：首先是单品智能，手机推动人与服务关系的建立；其次是垂直场景，以 IoT 实现物与物的连接，全场景体验互联互通；最后是融合场景，数据互通、账号统一、AI 赋能，实现跨场景、跨服务、跨终端的人 – 物 – 服的全面融合。公司通过智能手机的单品规模化，为用户提供多终端智能生活，积极布局多元 IoT 品类，强化互联网服务生态与内容生态，与合作伙伴及开发者一起，围绕“智慧健康、智慧生产、智慧学习、智慧文娱”四大智慧主题，为用户创造智慧生活解决方案。

3. 三大端到端价值创造过程

OPPO 致力于打造伟大的产品，产品的成功不仅需要有优秀的产品设计与开发，也需要协同供应链资源高效生产与交付，还需要以消费者为导向，将产品有策略、有节奏地推向市场，真正实现产品和市场的商业成功。公司构建了集成产品开发（IPD）、集成营销与销售（IMS）、集成供应链（ISC）三大端到端流程体系，通过其有效协同，从顾客需求出发，实现顾客的完全满意。

集成产品开发：公司从 2007 年开始实施 NPD（新产品开发）流程，2011 年引入 IBM 咨询，启动 IPD 变革，经过多年实践与优化，进入 IPD 2.0 时代，以商业结果为导向，实现从客户需求、概念形成、产品开发、上市到生命周期管理的端到端过程的协同。通过 IPD 流程管理体系，公司产品开发更加关注客户的真实需要，加快了市场反应速度，缩短了开发周期，降低了开发成本，提高了产品质量。

集成营销与销售：以用户为导向，坚持营与销目标、策略的一致，通过 MR（市场评审）、跨领域协同和项目管理实现团队运作，在恰当的时间有策略、有节奏地开展产品营销活动，打造品牌，通过优质渠道把产品推向市场，实现商业成功。

集成供应链：聚焦客户体验，对齐服务水平，基于客户细分服务水平设计供应链策略，实施预测与订单双线驱动多生产模式，柔性地主动应对变动，实现产销协同，发展智慧物流，建立与需求高度适配的快速响应供应链体系，使承诺更"准"、速度更"快"、柔性更"强"。

4. 四大管理能力支撑

公司的卓越运营需要各业务模块与管理能力产生协同效应，实现系统化效率最优，其内在体现是企业的综合管理能力最优，包括组织运作能力、精细化经营能力、数字化运营能力以及合规运营能力。

组织运作能力。公司打造具有 OPPO 特色的质量运营组织体系，构建业务线与质量运营线，与业务高管组成“铁三角”：业务高管作为舰长、第一负责人，“指方向、定目标、抓责任、给资源”，体现领导力；业务方作为指战员，“找差距、敢突破、促达成”，达成业务目标；质量运营方作为导航员，“做策划、识风险、做支撑”，端到端看护业务目标。通过核心团队建立、矩阵考核、人员轮岗等方式逐步打造专业化、有厚度的人才梯队，实现组织高效、专业化运作。

精细化经营能力。通过 DSTE 战略到执行流程，将战略规划、年度经营计划、组织 KPI、个人 PBC 等有效集成，建立 OPPO “指标字典”，构建“公司—部门—岗位”三层次绩效目标分解体系。通过检讨会议地图，固化绩效分析与检讨机制，结合内、外部数据及标杆比对，对各项指标进行检讨，制定纠偏、改进策略，实施过程考核。上线大数据分析与展示系统，实现业务数据透明可视、可控，按照 PDCA 实施经营结果精细化闭环管理，并推广到关键供应商、代理商。

数字化运营能力。围绕三大端到端领域、业财拉通及人力资源管理，OPPO 构造了统一的大数据体系及技术中台。遵循 APQC 业界规范，形成核心业务系统和灵活的应用架构体系，实现五大数字化，提升作战能力与整体效率，提供决策依据，全方位支撑公司发展战略，为公司基业长青保驾护航。

- 数字化研发：覆盖硬件工程、软件工程及 IoT 产品开发 / 技术开发流程，整合公司物料主数据需求，形成业务数据解决方案与仿真自动

化设计能力，实现研发品质、测试、问题闭环统一管理。

- 数字化营销：精准营销，从代理到工厂计划、订单、价格统一线上管理，实现流通效率提升、成本降低；统一零售标准，人、货、场精细管理，实现面向消费者的运营，提供极致的购买体验。

- 数字化供应链：拉通以计划为主线的 One plan 流程，与 IPD、IMS 全面协同。实施智能采购战略，开展供应商全生命周期管理与智能运营；结合自动化、IoT/AI/ 仿真等新技术构建智能工厂与制造运营平台，实现全球物流资源智能整合。

- 数字化财经：建立业财融合的财务数字化架构，实现业务和财务流程、数据、系统集成，形成全球统一规范标准、自动化账务，实现全领域、多层级的数字化运营可视，快速响应服务支持。

- 数字化 HR：建立人工智能分析模型，对 HR 领域的投资回报进行分析和预测；开展个性化学习，助力员工职业发展，并通过人工智能分析模型更好地激励员工，完善人才发展战略。

合规运营能力。公司建立苛求质量的品牌形象，以质量、安全和合规为立足之本，以合规管理的确定性应对外部的不确定性，为公司健康长久发展保驾护航。公司采用"三道防线"管控风险，实施合规运营。第一道防线是业务系统在管理自身业务的过程中，积极采取措施全面防控合规风险；第二道防线是内控、风险管理、质量、安全和合规等职能部门对业务提供支持、赋能和监督，从流程、责任、财务等方面进行风险看护与管控；第三道防线是业务审计，开展以"正向建"为导向的"逆向查"，对公司运作、流程及具体工作内容进行监督、评价和独立审计。

（二）取得的主要成效

实践“All for one”用户体验质量管理模式以来，OPPO在经营业绩、产品与服务质量、科技创新能力、市场开拓及社会责任等方面取得了显著的成效。

1. 大幅提升公司经营业绩，增强盈利能力，新产品实现快速增长

2021年，公司总营收2023亿元，同比增长33%，实现净利润68.6亿元，三年复合增长率32.4%，近三年累计纳税71.4亿元。Canalys全球手机市场出货量报告显示，2021年OPPO市场份额达到15.6%（含子品牌），稳居全球第三大手机厂商的位置，在中国、印度、印度尼西亚、埃及等国家的市场份额位居第一。截至2022年3月，OPPO全球手机及ColorOS用户数超5亿，全球闪充用户达2.2亿人次。此外，公司创新推出的IoT产品在2021年的销量同比增长565%。

2. 产品和服务质量稳步提升

通过该模式的应用，公司从关注产品可靠性等必备质量转向关注用户体验与魅力质量的打造。2019—2021年，公司智能手机的售后维修率改善了44%，其中硬件维修率改善了37%，软件维修率改善了61%。全面引入NPS作为用户体验衡量指标后，2021年产品体验NPS同比改善24%，服务体验NPS同比改善11%，不仅提升了OPPO的用户口碑，降低了成本，还为公司获取市场、提升净利润开拓了更大的空间。

3. 坚持科技创新，提升市场竞争力

OPPO持续关注5G/6G、人工智能、AR、大数据、芯片等前沿技术，

构建底层硬件核心技术及软件工程和系统能力，并通过核心技术领域的专利布局不断提升知识产权实力，构建 OPPO 的技术护城河，提高公司的核心竞争力。截至 2021 年，OPPO 全球专利申请量超过 75000 件，其中发明专利超过 68000 件，占比超 90%，全球授权量超过 34000 件。根据国家知识产权局公布的 2021 年中国发明专利授权数量，OPPO 以 4179 件居第 3 位，连续三年处于前三名。

4. 积极拓展国际市场，走品牌全球化道路

OPPO 坚持品牌国际化、运营本地化，与 80 余家运营商达成战略合作伙伴关系，业务覆盖欧洲、亚太、拉美、澳洲，遍及 50 多个国家和地区。2021 年，OPPO 海外出货量达 1.3 亿台，出口创汇 124 亿美元，实现国内国际双循环。2022 年 MWC 世界移动通信大会上，OPPO 取得全球同行一致认可，获得包括"全球移动大奖"在内的 19 项殊荣。

5. 带动区域供应链成熟与稳定

手机行业涉及的产业链广泛，能够产生巨量的实体经济价值。OPPO 作为国内领先品牌，在自身发展的同时，带动中国产业链持续发展。OPPO 供应链体系共有 570 家供应商，国产化率近 80%，其中广东省内供应商 273 家，在外部环境不断变化的情况下有效稳固了供应链。

6. 绿色运营，承担社会责任，实现可持续发展

OPPO 高度重视企业运营和制造过程对生态环境的影响，在遵守环境法律法规的基础上，持续加强环保投入，开发绿色产品，实现绿色环保运营，营造和谐共生的发展局面。2021 年，公司废水废气排放达标率为 100%，通过绿色包装设计，欧洲区产品包装减塑率达 95%，手机以旧换新回收体系全年回收量达 216 吨。

五、用户体验质量管理模式的创新性及推广价值

（一）创新性

1. 注重基础质量夯实，提升用户体验

OPPO 用户体验质量管理模式紧跟公司战略目标与方向，不局限于传统的可靠性质量管理，明确“质量不仅是退维，更是用户体验”，引入 KANO 模型，建立起以 NPS 为北极星指标的用户体验监测与改进体系，覆盖品牌、零售、产品、服务全方位体验质量，贯穿于顾客需求到顾客满意的端到端全过程。

2. 推动创新理念及工具、方法运用

在推进该模式的过程中，为实现端到端用户极致体验，创新使用全生命周期用户旅程地图与服务蓝图，依托数字化落地及大数据、AI、NLP 分析等先进智能工具，实现组织高效协同及数据快速流转，在大幅提升用户体验的同时，实现公司对内运营效率提升，对外经营能力增强。

（二）推广价值

对内：公司跨越四个时代，不断优化自身管理模式，该模式不仅帮助 OPPO 的智能手机业务取得快速发展，也有效地应用在智能穿戴、智能音频、智能显示等 IoT 产品及互联网服务中，使得 OPPO 多项创新业务齐头并进。

对外：公司对上下游供应链产生了深远影响，对一级供应商、关键二级供应商 100% 实施管理输出，共同推动手机产业链的高质量发展；向下传递，影响海内外代理商、经销商，打造全球统一的 OPPO 品牌体验、零售体验、产品体验及服务体验，为用户提供极致体验。

4

慕思："IPDB 三三制"协同质量管理模式

一、组织概述

慕思健康睡眠股份有限公司（以下简称慕思）成立于 2004 年，是一家股份制公司。慕思是国内最大的寝具用品生产商之一，一直致力于人体健康睡眠研究，从事整套健康睡眠系统（包括床垫、床架、床上用品及各种助眠产品）的研发、生产和销售。慕思拥有一支充满活力、富于创新的员工团队。目前员工总数超过 7000 名，其中拥有大专以上学历的员工占比为 32.3%，员工平均年龄为 35 岁，管理人员占比约为 12.5%。

公司旗下拥有慕思、慕思国际、慕思沙发、慕思美居、V6 家居、TRECA 崔佧和思丽德赛七大主品牌。慕思是中国健康睡眠产业的领导品牌，是消费者所熟知的健康睡眠理念的倡导者。

慕思通过经销、直营渠道发展形成了覆盖国内500余个城市、1400余家经销商和3500余家专卖店的完善线下终端销售网络，覆盖国内31个省、自治区、直辖市，并积极推动渠道下沉，开拓区、县级城市，海外门店遍及欧美、澳大利亚、东南亚等20多个国家和地区。同时，慕思积极发展线上营销网络，通过天猫、京东、唯品会等电商平台销售其产品。慕思还创建了嘀嘀金管家居家生活服务平台，为客户提供高品质的售后服务。

慕思主营产品床垫在国内市场的占有率约为8.9%，居国内同类企业首位。慕思经营状况良好，截至2021年底，资产负债比为43.0%，销售额达到64.81亿元，近三年的复合增长率超过29.7%。2021年慕思品牌价值为388.37亿元，连续六年荣登中国品牌价值500强榜单，是中国寝具行业的第一品牌。

慕思健康睡眠股份有限公司外景全貌如图4–1所示。

图4–1　慕思健康睡眠股份有限公司外景全貌

二、质量管理制度、模式或方法产生的背景

慕思在发展初期面临激烈的市场竞争，国内寝具高端市场基本上被席梦思等国外品牌瓜分，中低端市场则是国内众多寝具厂家开展激烈价格搏杀的战场，何去何从是慕思人必须要回答的问题。慕思创始人王炳坤先生怀揣“解决人们的睡眠问题，提升人们的生活质量”的梦想，在对国内外寝具市场现状和发展趋势进行充分研究后，高瞻远瞩地提出全力打造“量身定制的健康睡眠系统”的发展理念，矢志创立属于中国人自己的高端寝具品牌，带领慕思人把企业做大做强。随着企业的快速发展壮大，公司规模越来越大，客户需求越发复杂和多样，需要全方位满足客户需求，提供全面解决方案；同时，伴随着全球经营以及业务增加，公司内部组织部门不断扩大，部门壁垒逐渐增厚，内部竞争也在加剧，需要以客户为中心来打通相关业务和部门间的流程，聚焦一线，简化管理，提高沟通效率，实现决策前移和风险可控。

要从众多同行中脱颖而出，就必须探索出稳健可行的快速发展之路。在资金、技术和品牌都没有突出优势的情况下如何生存和发展？慕思领导人苦苦探求到了自己的解决方案：

不断提升品牌知名度、美誉度和忠诚度。坚持以客户为中心，通过全球睡眠资源的整合创新来持续改进和完善产品质量，提供极致的服务体验，增强用户黏性，不断提升品牌知名度、美誉度和忠诚度。为此，仅仅有功能新颖和质量过硬的寝具产品还远远不够，消费者选型与日常使用和维护保养不当也会带来负面或消极的用户体验，包括国外知名品

牌在内的绝大多数厂家对这方面都重视不够。通过提供具有高度黏性的客户服务，慕思看到了巨大的发展契机，紧盯技术和市场的发展趋势，实现了全球最优质睡眠资源的有效整合，通过各种积极的创新设计开发出多款满足和超越高端客户需求的床垫和床架系列产品及服务，获得了越来越多消费者的偏爱。

倾全力创新打造金管家五星服务体系。服务体系为客户提供细致周到、个性化的售前、售中和售后服务，带给消费者新颖、全面和过硬的用户体验，赢得了客户广泛和高度的赞誉，成为全球行业服务标杆。通过提供一致性高、功能多变、质量优异的产品与极致的服务体验，慕思获得了飞速发展，快速跻身于业内高端寝具提供商之列。在市场多变和充满不确定性的今天，慕思当机立断，抓住机会投入巨资，利用工业革命 4.0、工业互联网浪潮和 AI 人工智能带来的先进智能制造与数字化信息新技术，推动企业实现从传统加工向定制化智能制造的成功转型，打造了数字化敏捷供应链并在产品和交付服务方面形成了强大的核心竞争力，赢得了更多客户的青睐，成就了慕思国内高端寝具第一品牌的行业地位。

不同时期不断优化质量管理模式。国内寝具行业一直以来都是一个持续增长、高度分散、充分竞争的行业。慕思在十几年的发展过程中，不同时期面临着不同的问题和挑战，所创立的质量管理模式都较好地解决了经营发展中的问题。在发展初期（2004—2008 年），面临的是在品牌知名度低和市场价格竞争激烈的情况下如何生存的问题，慕思通过整合创新提供高品质产品和极致服务，实现客户满意，在寝具行业中站稳脚跟并获得一定的发展。在成长期（2009—2016 年），面临的是在寝具市场如何做大做强的问题，慕思通过建设 CNAS 实验室构建质量保证能力，通过与国内外知名院校和企业合作，打造全球研发平台，继续发展产品力。与此同时，通过打造五大 IP 营销活动来提升慕思寝具品牌的高端形象，通过在全国市场发展门店的方式拓展销售渠道，从而获得了飞速发展，成长为国内高端寝具品牌。随着数字化、智能化和先进制造技术的飞速发展，近年来很多其他行业的企业也涌入寝具行业，除了面临来自传统竞争对手的激烈竞争外，慕思也面临行业新贵带来的技术及营销模式的竞争。为了应对激烈的市场竞争，慕思通过数字化治理变革打造数字化智能制造工厂，开展数字化营销，用科技和管理创新提升组织核心竞争力和获取关键资源，大力发展智能睡眠产品。

从十几年的发展历程来看，慕思的发展理念和战略取得了巨大成功。慕思人总结自己的最佳实践和成功经验，结合卓越绩效管理模式和多管理体系的关键要求，提炼出基于创新力、产品力和交付力协同打造品牌力的“IPDB 三三制”协同质量管理模式，成为慕思今后相当长的时期内植入基因和深度融合的发展模式。

三、质量管理制度、模式或方法的主要内容和要素构成

慕思“IPDB 三三制”协同质量管理模式基于战略几何学和解放军的三三制作战心法，在质量管理核心能力建设的框架下，继承和整合了科学管理、质量 ISO/TS 五大工具、ISO 多管理体系、零缺陷和 TQM 全面质量管理的要求。近年来，企业投入巨资建设智能制造和大数据制造平台，

始终坚持以客户为中心的宗旨，加强组织建设和增强组织能力，形成了从顾客需求到顾客满意的螺旋式闭环的持续质量管理提升的成功路径。

（一）协同质量管理模式概述

基于"工匠精神、智造精品、极致服务、感动客户、持续改进、永无止境"的质量哲学和"客户至上、诚信敬业、选材臻善、遵循流程、精益求精、全员参与"的质量文化元素，慕思经过长期实践构建了"IPDB 三三制"协同质量管理模式，努力成为极具品牌张力的全球最大的智慧健康睡眠系统供应商。

慕思"IPDB 三三制"协同质量管理模式如图 4–2 所示。

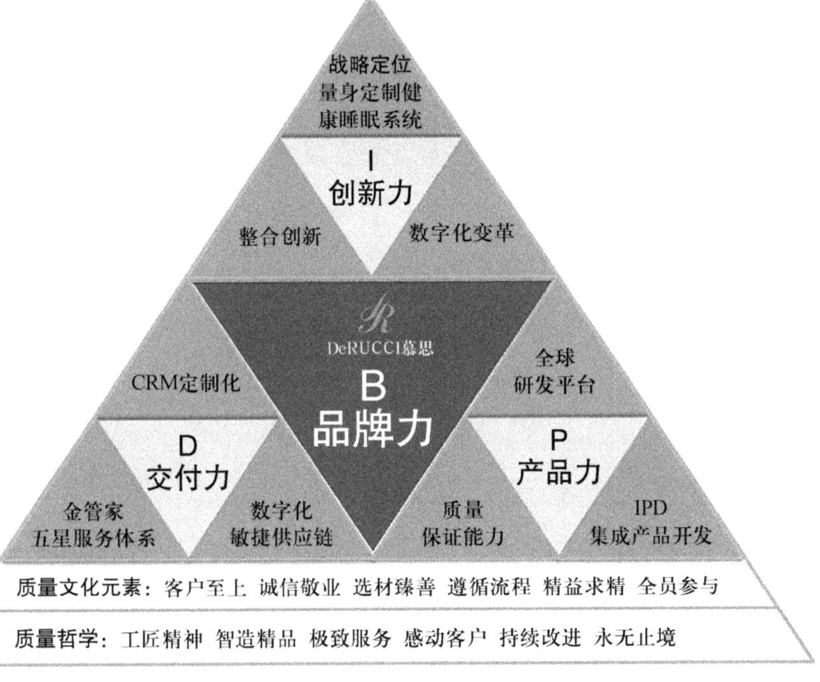

图 4–2　慕思"IPDB 三三制"协同质量管理模式

中国自古有云“三人同心，其利断金”，基于力出一孔和利出一孔的品牌追求，为了让听见炮火的人来决策，实现端对端的敏捷闭环流程，慕思构建了以创新力、产品力和交付力为核心的稳健的品牌力铁三角模型，形成在战略几何学上三个小三角拱卫和成就一个大三角的稳健核心竞争力模式，有效地支持了市场的可持续发展，提升了客户全生命周期体验，实现了企业的高效运营以及可盈利增长。

（二）协同质量管理模式的内涵

品牌力三角包含了三个小三角，分别为创新力（Innovation）、产品力（Products）和交付力（Delivery）三个核心能力要素。

创新力（Innovation）是从量身定制健康睡眠系统出发，通过数字化变革促进组织整合创新的闭环；产品力（Products）是从全球研发平台、IPD 集成产品开发到质量保证能力的闭环；交付力（Delivery）是从 CRM 定制化、数字化敏捷供应链到金管家五星服务体系的闭环。由核心竞争力构成的三角形小闭环相辅相成，实现持续改进、闭环协同。具体如图 4-3 所示。

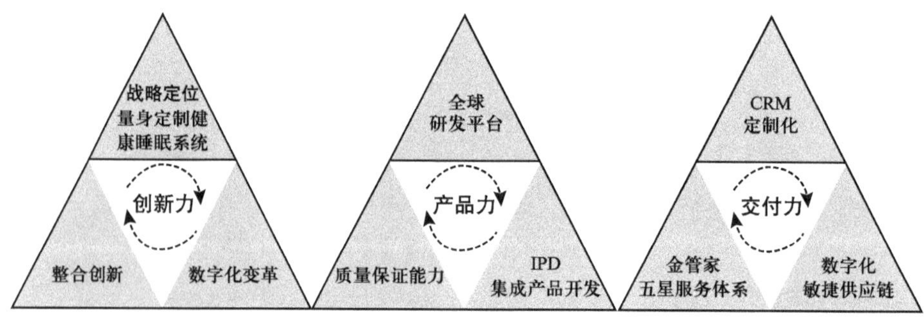

图 4-3 创新力、产品力、交付力三角

（三）协同质量管理模式各要素之间的逻辑

品牌力是协同质量管理模式的核心和最终目标，其他要素围绕品牌力的打造实现协同。公司通过建立强大的创新力、产品力和交付力，发挥"1+1+1>3"的紧密协同效应来构建强大的品牌力。创新力由企业的战略定位、数字化变革和整合创新三个要素协同来实现；产品力由全球研发平台、IPD集成产品开发和质量保证能力三个要素协同来实现；交付力由CRM定制化、数字化敏捷供应链和金管家五星服务体系三个要素协同来实现。九个最小的管理要素是企业中长期致力打造的核心竞争能力，通过有序的协同保证整个质量管理模式的高效运作。企业质量哲学和质量文化元素是整个质量管理模式中所有要素构建和协同的指导思想和行动原则，保证整个质量管理模式的成功。

四、质量管理模式在实践应用过程中的典型做法及成效

（一）典型做法

基于长期的经营管理实践，结合公司近年来整合的各种新信息技术和软件平台等，慕思推进"IPDB三三制"协同质量管理模式、卓越绩效管理模式、多管理方法及体系的深度融合，形成了许多典型做法和措施，具体如下。

（1）投入20亿元建立先进的床垫和套床数字化智能制造工厂，打

造以客户为中心的个性化柔性定制模式（C2M），实现向智慧工厂交付模式转型。

①以慕思为主导，联合西门子、宇航、高科、力克、众家联等进行软硬件系统集成开发，按照“业务模式分析—关键技术应用—系统研制建设—智能工厂示范”的思路，搭建涵盖智能设备层、智能执行层、智能管理层、智能决策层等多层级的高效智能平台。

②以工业 PON 环网为载体，利用数据采集与监视控制系统（SCADA）实现 190 多台生产设备互通互联和实时数据采集、运行状态监控和过程数据记录及分析。

③以制造运营管理系统（MOM）平台为核心，集成生产制造执行系统（MES）、生产排程管理系统（APS）、仓储管理系统（WMS），打造面向软体家具行业的生产现场透明化管理、生产计划一体化管控、全生产过程质量追溯等应用场景。

④通过企业运营管理系统（SAP ERP）、集成产品开发体系（IPD）、力克 3D 设计系统（CAD/CAM）、供应商关系管理系统（SRM）、客户关系管理系统（CRM）、办公自动化（OA）等信息系统的集成应用，打通 C2M 端到端交付流程，并实现个性定制和标准定制、标准品混合生产方式的融合。

⑤通过智能工厂的虚拟呈现与漫游，多视图展现生产控制中心，通过平板、手机等移动终端实时监控设备状态、生产绩效、生产异常等，让集团决策层可以从供应商、产品开发、生产制造、品质管理、仓储管理、人力资源管理、财务管理、客户管理、销售管理等方面获取实时的统计和分析数据，具有形象性、多维性、整体性、便捷性、可配备性等。

数字化智能制造工厂总体框架如图 4–4 所示。

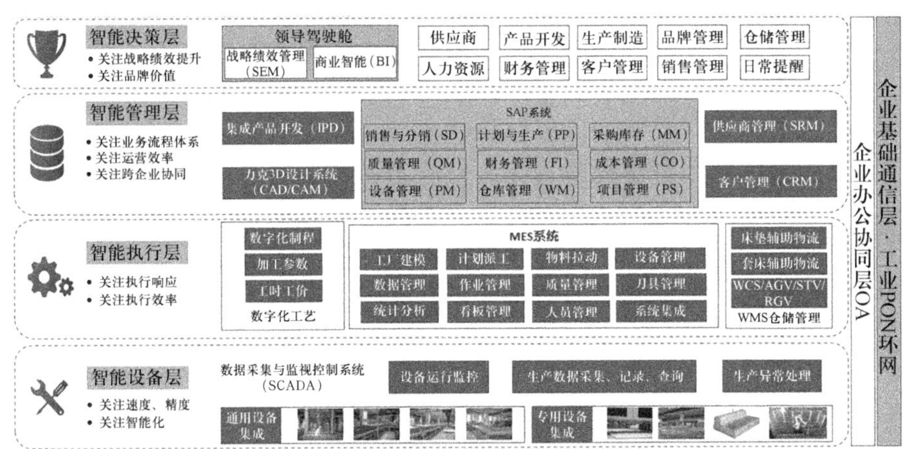

图 4–4　数字化智能制造工厂总体框架

（2）在高质量产品和知名品牌的支撑下，建立了独特的金管家服务体系，积极主动为客户提供极致服务，通过准时交付、准时上门安装、礼仪入门、整洁清场、专业讲解、定期回访、终身免费除螨、每年邮寄圣诞礼品等入细入微地为客户创造价值，形成高黏性关系，让客户倍感关爱，促进产品和品牌美誉度和忠诚度的持续提升。慕思金管家服务体系已成为全球寝具行业的服务标杆。

（3）2019—2021 年，慕思投入 8000 万元建成 3500 平方米，拥有超过 400 套检测仪器的现代化实验室，能按国家和行业标准的要求开展 490 多项检测项目。慕思是国内家具行业中首家通过 CNAS 认证的企业，组建了包括高级工程师在内的共 32 人的专业检测队，拥有强大的研发验证和质量保证能力。

（4）为实现变革能力的沉淀和标准化，成立了 RSC 变革指导委员会作为公司变革和创新管理的最高决策机构。PMO 项目管理部负责公司整体的变革管理工作，监控变革项目、重点工作的执行，建立变革管理相关流程、体系，并成立各个项目组承接具体项目的执行工作，确保从顶层设计走向落地执行。

（5）慕思作为健康睡眠文化的推广者和传播者，高度重视品牌形象的塑造。公司先后推出“私人订制，健康睡眠”“善梦者享非凡”“今晚，睡好一点”等品牌主张，每年以发布《睡眠白皮书》的方式倡导大家关注睡眠并养成科学健康的睡眠习惯，使得慕思健康睡眠的理念深入人心。另外，通过高空传播、权威媒体传播、公关活动、公益活动、五大 IP 活动、跨界联合活动及售后服务等多种有价值的形式提升品牌知名度、认知度、忠诚度和美誉度。

（二）主要成效

通过数年来的发展及对“IPDB 三三制”协同质量管理模式的实践，慕思在品牌、创新、产品和交付等核心竞争力及经营业绩上取得了突出的成效。具体如表 4–1 所示。

表 4–1 主要成效

竞争力维度	成效
品牌力	1. 2021 年慕思品牌价值为 388.17 亿元，连续六年居国内寝具行业第一名 2. 形成了强大的多品牌矩阵，充分满足了细分市场和客户的需求 3. 专业评价机构（盖乐普、尼尔森）最近几年的品牌评价调查显示，慕思在品牌美誉度、知名度等方面远超竞争对手 4. 慕思的品牌溢价能力是寝具行业中最强的，而且多年来一直保持第一的位置 5. 慕思已经在国内广大消费者心中成为高端床垫品牌的代名词

续表

竞争力维度	成效
创新力	1. 已建成智能产品研究院和博士工作站，获得了高新技术企业称号，拥有超过 500 人的强大的研发队伍，产品和技术的创新能力位居行业领先地位 2. 围绕清晰的数字化转型战略目标，已建成以四大业务模式、六个支撑要素、两个保障为核心的数字化转型框架，投入巨资构建 SAP、MES、SCADA、CRM、SRM 等信息系统平台，数字化变革创新取得了较大的成果 3. 成功实施了众多的管理创新和商业模式创新，如直播带货销售模式、五大 IP 营销模式、人才盘点变革、慕思超级工厂购销售模式、会员制管理变革等，经营结果和管理水平居行业领先地位
产品力	1. 床垫产品国内市场占有率长期位居第一 2. 寝具产品与材料核心指标如甲醛释放量和 TVOC 远低于国家标准，居行业领先地位 3. 参与编写国际标准、国家标准、行业标准和团体标准共计 14 项，连续四年获得家具标准化技术委员会颁发的标准化工作先进单位荣誉称号 4. 企业总共已申请专利超过 1000 项，居行业领先地位 5. 已建成行业中首家通过 CNAS 认证的现代化企业实验室，具备了开展 490 多项检测项目的能力，覆盖了寝具产品所有的检测项目 6. 成功导入华为 IPD 集成产品开发模式，形成了以客户需求为中心的高效新产品开发模式 7. 经过多年的技术创新和产品迭代，智能床垫产品的用户体验和可靠性居行业领先地位 8. 市场爆款产品逐年增加，产品质量满意度居行业领先地位
交付力	1. 已建成国内首家床垫和床架数字化智能制造工厂，生产自动化和智能化水平居行业领先地位 2. 已建成 2 万平方米"黑灯"成品智能立库和 3000 立方米原材料智能立库，仓储管理水平居行业领先地位

续表

竞争力维度	成效
交付力	3. 供应链系统已全面采用 SAP、CRM、SCADA、MES 等先进的信息化管理平台，客户定制化生产管理能力居行业领先地位 4. 创立了成为寝具行业标杆的金管家服务体系，为客户提供极致的服务 5. 库存周转率、人均生产产值、准交率、产品合格率、客户满意度等关键交付指标持续提升，在同行业位居前列

五、质量管理制度、模式或方法的创新性和推广价值

慕思“IPDB 三三制”协同质量管理模式立足于企业成功哲学和长期最佳实践，强调企业使命、愿景和长期战略目标高远的灯塔作用，实现了从组织文化到组织战略到组织能力建设的明确导向导航和对标指引，形成了创新力、产品力、交付力等多要素对品牌力的高效、有序协同整合，是结合行业特点、企业基业和卓越绩效管理模式的一次大胆尝试。该模式的先进性在于能有效解决全方位满足客户需求、提供全面解决方案的“大质量”敏捷组织能力建设的问题，实现组织能力的系统击穿、交融和组织高度协同。“IPDB 三三制”协同质量管理模式首次清晰地提出了从创新力、产品力、交付力到品牌力的可持续发展的核心主题和实现产业转型升级的关键路径，以及企业实现稳健长远发展和长治久安的基本策略和发展理念。

“IPDB 三三制”协同质量管理模式是慕思多年来快速和成功发展的成果和经验的总结，是经过反复实践检验被证明行之有效并深度融

合先进科学理念的管理逻辑和思想，具有结构完整、逻辑清晰、简单明快、易于理解和贯彻执行的特点，在国内制造服务型企业尤其是家居寝具行业有广泛复制推广的巨大价值。近年来，慕思在与客户、供应商及业内同行等众多相关方的交流和互动中，得到了广泛的认可和高度的肯定。

5

宜安科技："300328"质量管理模式

一、组织概述

东莞宜安科技股份有限公司（以下简称宜安科技或公司）位于广东省东莞市清溪镇银泉工业区，成立于1993年，于2012年在深圳证券交易所上市（证券代码：300328）。公司以轻合金精密压铸为主营业务，集研发、生产、营销于一体，被评为中国压铸500强企业、国家火炬计划重点高新技术企业。公司现下辖17家控股、参股企业，在先进金属材料技术研发与产业化领域形成全面布局和纵深布局，重点业务呈集团化发展模式，年均销售收入突破12亿元，产品广泛应用于汽车、医疗、3C、通信等社会民生领域。

宜安科技高度总结近30年质量管理工作历程和实践经验，参考借鉴行业领域国内和国外的先进管理模式，结合公司长期可持续发展的战

略目标，逐步形成了极具宜安特色的"300328"质量管理模式。

二、质量管理制度、模式或方法产生的背景

宜安科技近30年的发展历程，是一个从传统加工制造型企业向以新材料开发与成型为重点业务的高新技术企业逐步转变的过程，是一个从被动的订单式生产向以技术创新引导市场乃至主动引领及推动行业发展转变的过程。就材料技术而言，先后经历了酚醛树脂、五金、铝合金、镁合金、非晶合金（液态金属）/生物医用镁合金这样一个从低端材料到高端材料、从低附加值材料到高附加值材料的发展过程；在产品应用领域和市场客户方面，实现了由单一化向多元化、专业化的转变。在这一转变和发展过程中，宜安科技的质量管理理念与管理模式也经历了一个不断完善的过程，逐步趋于科学化、规范化、现代化。

公司成立至2007年前后，处于"求立足、求生存"的阶段，主营厨电、电木（酚醛树脂）类产品。在此阶段，最为注重的是成品质量，采用的是针对成品的"专职检验"方式。这种质量检验方式着眼于挑出不合格产品，属于事后把关行为，虽能做到存优去劣，满足客户订单的要求，但无法做到纠正预防，与绝大多数其他同行企业一样，停留在"质量是检验出来的"这一认知阶段。在当时以"薄利多销，以量取胜"为主流市场竞争理念的环境下，这种注重按时按质交付的生产经营方式和质量管理方式是确保公司能够立足生存的重要手段。

宜安人深刻懂得"企业发展如逆水行舟，不进则退"的道理，更有着"风物长宜放眼量"的长远发展格局，因此无论市场竞争如何激烈，

始终秉持“质量是企业第一生命线”的质量理念。早在立足生存阶段，公司便已深刻认识到用质量管理体系保证提供合格产品的重要性，于1999年通过了ISO 9001：1994体系认证，“预防缺陷”的质量意识逐步形成，提升到“质量是生产出来的”这一认知层面，纠正预防管理日益加强，QC七大手法得到充分应用，从成品质量检验向前延伸到制程质量控制、来料质量控制，形成了进料管理—制程管理—出货管理系统流程。

2007年前后，随着市场竞争日趋激烈，尤其是面对江浙地区厨电产业的异军突起和聚集性快速发展，宜安科技壮士断腕般毅然砍掉了营收占比高达70%的厨电/电木业务，退出“红海”，驶向“蓝海”，在五金、铝合金、镁合金压铸业务领域开启了新征程，逐步导入消费电子、基础通信、汽车零配等业务，也从此开启了以创新驱动发展的转型升级之路，由此进入到一个快速发展时期，并于2012年成功上市。这一时期，生物医用镁合金、非晶合金技术两大产业布局初具雏形，轻量化/新能源汽车配件业务蒸蒸日上。

在逐步实现以技术创新引领市场的过程中，宜安科技进一步确立了“质量是规划和设计出来的”和“高标准、高质量”两大质量理念，从高管到基层狠抓质量意识和质量体系，全面推动标准化、信息化、自动化三化进程，质量管理工作进入到一个全新阶段。在体系方面，针对业务占比较高的汽车零配业务，公司全面贯彻实施IATF 16949：2016汽车质量管理体系，并于2009年首次通过认证；始终坚持“绿色压铸”的环保发展理念，通过了ISO 14001：2015环境管理体系认证；推动两化融合，通过了GB/T 23001—2017信息化和工业化融合管理体系认证。

2018年前后，宜安科技导入卓越绩效管理模式，在质量管理与提升

方面，全面回顾了每个发展阶段的质量管理理念、管理方式的适用性和局限性，深刻总结了成功经验和不足之处，结合既定发展战略目标，总结形成了极具宜安特色的"300328"质量管理模式——将产品质量和服务质量纳入整个企业经营管理质量提升的范畴，高度明确了"质量是企业第一生命线""质量是规划和设计出来的""高标准、高质量"三大质量理念在质量管理模式中的战略指导思想地位，确立公司全体上下以"零缺陷、零投诉"为终极质量目标，以质量意识和质量体系为两大管理核心内容（抓手），依托八个支撑点，加快三化融合，为实现全面质量管理和长期可持续发展奠定坚实基础。

三、质量管理制度、模式或方法的主要内容和要素构成

宜安科技"300328"质量管理模式由以下内容（要素）构成。

（一）三大质量理念

公司始终秉持"质量是企业第一生命线""质量是规划和设计出来的""高标准、高质量"三大质量理念。唯有始终秉持先进的、正确的质量理念，方能确保正确的发展方向和发展路线，实现长期可持续发展。无论质量管理模式的其他内容如何适应性调整改变，此三大质量理念永远是宜安科技开展质量管理工作的根本性指导思想。

（二）"双零"质量目标

"双零"质量目标，即产品质量零缺陷、服务质量零投诉。此为宜

安科技质量管理工作的终极目标，也是达成客户满意、社会满意最基本的前提条件。

（三）三化融合，共同驱进

公司以标准化、信息化、自动化三化融合作为质量管理的驱进动力，不断达成质量目标。

标准化，是对产品、规格、测试手段等做出统一规定的过程，也是使客户需求与现行标准（ISO 标准、国标、行标、企标等）的技术要求达成一致的过程。上述前一过程同时也是一个质量协同、信息协同的过程，需要销售、计划、开发、采购、模具、各工艺环节的生产一线、质保等所有部门协同一致地全面掌握同一产品的所有质量指标，清楚了解每一项指标的详细技术要求，并以检测结果为唯一判断标准，对于不满足指标的产品及时予以返修或给出处理措施，如出现批次性不合格产品，及时采取纠正预防措施，直至解决问题，确保交付到客户手中的产品零缺陷。上述后一过程是供需双方对产品的技术要求达成一致认同的过程，也是确保产品顺利交付验收的关键过程，仅符合供方自己所提出的技术指标的零缺陷产品，并不能使客户满意，只有客户满意，质量目标的达成才具有价值，才是真正意义上的质量目标达成。使客户满意并不意味着满足客户的一切需求，尤其在技术层面，存在行业技术水平局限性、验收标准空白等各种情况，因此使供需双方之间达成验收质量指标一致的“标准化”工作尤其重要，最终体现为技术协议文件或购销合同中的技术验收条款。

信息化，是将现代信息技术与先进管理理念（包括质量管理理念）

相融合，转变企业生产方式、经营方式、业务流程、传统管理方式和组织方式，提高效率效益、增强竞争力的过程。就质量管理而言，充分开展信息化工作，可在部门与部门、员工与员工、设备与人工之间形成信息流动通道，以标准化数据实现资源共享、信息共享，是实现质量协同的重要途径；在质量管理工作效率方面，可以做到实时监控、防微杜渐，及时采取纠正预防措施。宜安科技高度认可"信息化生产力"的理念，高度重视信息化工作，确立的基本要求为：实时、集成、一致、及时、准确、畅通。

自动化（智能化），是指机器设备、系统或过程（生产、管理过程）在没有人或较少人的直接参与下，按照人的要求，经过自动检测、信息处理、分析判断、操纵控制，实现预期目标的过程。近年来，公司通过数字化转型加快"智能铸造"步伐，探索从熔炼、压铸、机加、检验到包装入库的全自动化流程管控的平台化解决方案，实现生产过程控制的精益化、透明化、自动化。公司新能源汽车一体化压铸结构件智能制造车间在2022年入选东莞首批智能工厂（车间）项目。

（四）两大管理内核

公司以质量意识和质量体系两大核心内容作为重要的管理抓手。

宜安科技的质量意识源自三大质量理念，包括生命线意识、质量规划意识、标准意识。意识指导行动，意识到才能做到，时时刻刻意识到，才能时时刻刻做到。树立质量意识也是形成质量文化的首要前提。

质量体系是提高交付能力和产品质量的保证。宜安科技在贯彻实施

ISO 9001质量管理体系的基础上，针对汽车、医疗两大主营业务，全面导入并深入实施IATF 16949、ISO 13485两大质量管理体系；同时，深刻意识到安全和环保是一切生产经营活动的前提，将安全管理和环境管理作为开展经营活动和质量管理最基础、最重要的两项前提性工作，在安全生产方面实行制度化管理（被评为“安全生产标准化三级企业”），在环境保护方面贯彻实施ISO 14001：2015环境管理体系。

（五）八个支撑

安环：安全、环保是经营活动和质量管理的前提和首要支撑点。安全的、环保的产品更具市场竞争力，更加符合国家与社会长期可持续发展的科学发展观。

策划：质量是规划和设计出来的。对产品功能/结构/生命周期（或其一体化）设计、技术工艺、质量要求与检测进行全面策划，是质量管理的源头性工作。

效率：效率是快速纠正预防，解决质量问题，达成质量目标的关键支撑点。

创新：（材料、工艺）技术、设备、检测手段等各方面的创新，是质量管理工作的重要支撑点，是达成技术指标和质量目标的关键手段。

人才：质量管理最终落实在人，人才是开展安全环保、产品策划、技术创新、设备管理、标准化等各项工作的主观能动群体，是解决技术问题、达成质量目标的强力支撑。

设备：在压铸行业领域，设备的装配基数、先进水平、自动化程度是最重要的产业基础。其中，自动化程度在实现质量稳定性方面发挥着

重要作用；先进的检测仪器设备能够精准、快速地反馈质量结果，在来料检验、过程检验、出货检验各质量环节发挥着极为重要的作用。

方法：在质量管理过程中，PDCA、QC 七大手法等工具方法对于提升纠正、改善、预防能力具有至关重要的支撑作用。

改善：以改善促质量，以改善促效益。

宜安科技"300328"质量管理模式如图 5-1 所示。

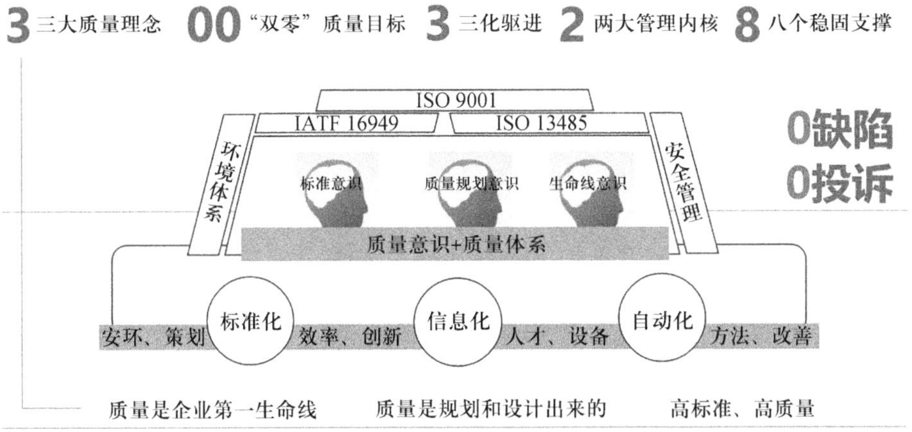

3 三大质量理念　00 "双零"质量目标　3 三化驱进　2 两大管理内核　8 八个稳固支撑

ISO 9001
IATF 16949　ISO 13485
环境体系　安全管理
标准意识　质量规划意识　生命线意识
0缺陷
0投诉
质量意识+质量体系
安环、策划　标准化　效率、创新　信息化　人才、设备　自动化　方法、改善
质量是企业第一生命线　质量是规划和设计出来的　高标准、高质量

图 5-1　宜安科技"300328"质量管理模式示意图

四、质量管理模式在实践应用过程中的典型做法及成效

（一）持续开展质量意识提升活动

不断强化质量意识是质量管理的首要核心内容，宜安科技通过各种形式在公司上下不断宣传、培养、灌输质量意识。

公司在厂区主要人流通道张贴质量标语，在各车间设置质量管理看板、QRQC 看板、质量文化宣传板等；在每日生产早会和工作交接会上，将当班生产品质注意事项作为首要宣讲内容；悬挂、展示不良品图片，予以警示、警醒；不定期开展“零缺陷”“质量意识”“质量管理制度”等专题培训，并在每次周例会开始前后作为重点宣讲内容反复强调；组织月度质量会议，开展质量 KPI 评价、质量案例分享活动；组织主管级人员观看《首席质量官》《大国质量》宣传片。

成效：牢固树立三大质量理念，转化为深刻烙印在从领导到基层每位员工脑海中的三个基本意识并不断强化，始终绷紧三根弦不放松；使不断达成“双零”质量目标成为每一个宜安人心中最直接、最强烈的意愿。

（二）全体总动员，狠抓质量管理体系建设与持续改进

公司成立质量管理体系委员会，按照《质量管理体系委员会运作管理方案》持续开展内审和管理评审工作。建立质量管理体系实施评价标准，对各部门贯彻实施情况进行月度评比，由高层领导向优秀部门、优秀内审员颁发锦旗和荣誉证书。

成效：通过对质量管理体系运行的符合性、适宜性、有效性进行评估，确保各管理体系融合运行并得到持续改进。

（三）质量策划工作系统化、程式化

公司建立了“前期评估—质量策划—过程管控—结果评价”的系统化工作流程，在各环节形成相应的技术文件、流程表单，做到全程可控

（见图 5–2）。

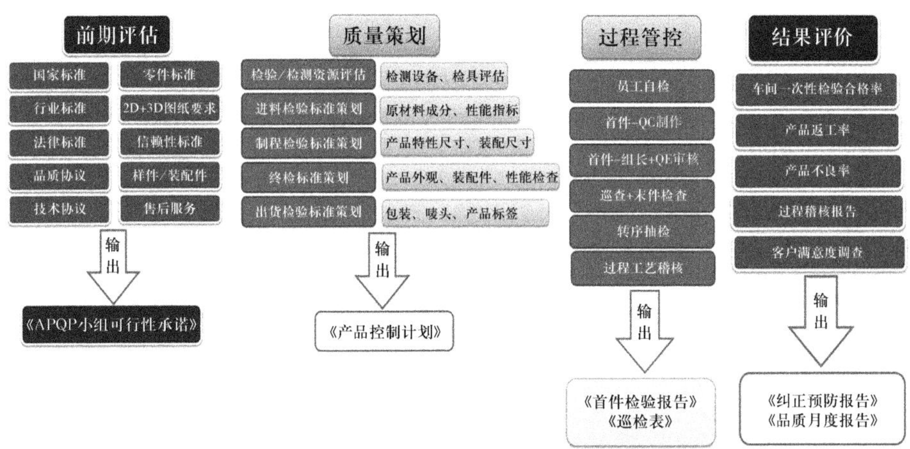

图 5–2　质量策划工作系统化、程式化

成效：将质量管理向前向后全线延伸，将“质量是规划和设计出来的”这一理念落到实处，使质量策划能力大幅度增强，质量管理全员参与程度大大提升，全面质量管理模式初具雏形；客户不但对产品质量满意，更对产品质量“诞生”的模式满意，极大地增加了客户黏性、信任度。

（四）大力倡导和推行改善活动

公司成立专职部门 EHS 小组，主导推动改善活动的开展，对改善方案进行成效评估，对优秀改善方案予以物质奖励，对工艺改善、设备改进过程中所形成的技术专利进行重复的物质奖励和荣誉奖励。

成效：促使员工更加善于发现问题、乐于动脑动手解决问题，员工“以厂为家”“以宜安为荣”的归属感和主人翁意识更加强烈，从而使得一切与质量提升有关的活动更易于推行。

五、质量管理制度、模式或方法的创新性和推广价值

（一）创新性

宜安科技的“300328”质量管理模式具有“多维度”和“形象化”两大鲜明特色，具有一定的创新性和先进性。

1. 多维度

高度——具有高屋建瓴的指导思想、指导理念。

广度——模式内容涵盖与质量管理相关的各个方面、各个层面，有认知、有行动，有抓手、有支撑。

深度——深度挖掘、总结与质量管理相关联的深层次因素、细节因素。

2. 形象化

宜安科技的质量管理模式高度概括为“300328 模式”，与公司证券代码“300328”完美契合，深入人心。在全面宣贯和落实执行的过程中，公司让每一个员工产生亲切感、归属感、自豪感，进而形成价值认同感，形成文化力、凝聚力。

“300328”质量管理模式的要素构成图（见图 5–1）具有极强的可视化、形象化效果，宛如一辆驰骋的汽车，这与公司主营业务之一的汽车业务不谋而合，并可做如下解读：

三大质量理念为企业发展指明了正确的方向和路线；

绿灯行、红灯停，只有不断达成"双零"质量目标才能畅通无阻；

三化融合犹如滚动的车轮，不断提供驱进动力；

在前进道路上，须时刻谨记三个基本质量意识，严格贯彻质量管理体系，同时牢牢树立安全意识、环保意识，做好安全环保工作。

（二）推广价值

宜安科技的质量管理模式具有可复制性，具有一定的推广价值，体现在以下方面。

高屋建瓴的指导思想，即质量理念，不受行业限制，其全部或一部分可作为任何一家企业的质量理念，具有高度的战略指导价值。尤其是"高标准、高质量"这一理念，现阶段已上升至国家发展战略的高度，在 2021 年中共中央、国务院发布的《国家标准化发展纲要》中有着充分体现。

各行业不同企业的质量目标不尽相同，然万变不离其宗，都是希望通过最大限度地减少缺陷和投诉使顾客满意。由企业而行业，由行业而社会，零缺陷、零投诉不应视为某个企业难以企及的"极致"目标，而应作为当前和未来绝大部分市场主体共同倡导和追求的"基本"目标。

信息化、智能化（自动化）时代已经到来，正在影响和改变着各个行业的生产经营方式，"信息化生产力""减员增效"等概念已深入人心。"一流的企业做标准"，标准化工作本身就是一个实现全面质量管理的过程。因此，对于制造行业的大多数企业而言，三化融合可输出强大的驱进动力。

质量意识和质量体系是质量管理的两大核心内容，确保在意识层面和体制运行下的执行层面做到“两手都要抓，两手都要硬”，符合绝大多数制造型企业的经营管理理念，具有普遍的推广价值。

在支撑点方面，各企业可视具体情况而定，不局限于八项。

综上，宜安科技的“300328”质量管理模式并非故弄玄虚的“武林秘籍”，而是具有推广价值的一套“基础功法”；其要素构成模型在可视化、形象化方面虽独具“宜安特色”，却也“放之四海而皆准”。

宜安科技在安徽巢湖、湖南株洲布局完成两大汽车零配件生产基地，两家子公司在质量管理方面均采用了“300328”质量管理模式，这是该质量管理模式易于复制推广的最好例证。

民兴电缆："3新+5益"质量管理模式

一、组织概述

东莞市民兴电缆有限公司（以下简称民兴）前身成立于1988年10月1日，是一家专业研发、生产、销售电线电缆的大型现代化民营企业。公司坐落于有"世界工厂"美誉的东莞市，主要生产家装电线、电力电缆、矿物绝缘防火电缆、预分支电缆、控制电缆、弱电线缆、母线槽、设备电源线、手机数据线、手机充电器，以及阻燃、耐火、低烟无卤、辐照交联、防蚁防鼠等系列产品。公司注册资金3亿元，现有员工1000余人。经过三十多年的发展，公司已成为省内龙头、国内前茅企业。

二、质量管理制度、模式或方法产生的背景

民兴高层领导高度重视质量管理，以高度前瞻性的视野，对标行业

标杆，深入推进质量变革，组织提炼质量管理模式，推进组织的持续学习和改进创新，引领民兴高质量发展。

民兴初创期的质量管理注重品质检验、实物的质量检测，属于实物把关阶段，同时学习质量管理，事前把控品质；在转型期，导入 ISO 质量保证体系，以过程管理为重心，通过 P（策划）—D（执行）—C（检查）—A（处理）循环过程来控制质量；在发展期，进行全面质量管理和经营管理，以客户需求为出发点，设计开发满足客户需求的产品和服务，注重供应商管控、过程控制、资源管理等；进入成熟期，发展为基于信息化、大数据的现代创新质量管理，注重管理创新，在学习中发展，同时注重品牌。基于多年积累的经营管理经验，董事长、总经理带领民兴高层提炼出一套完善的具有民兴特色的“3 新 +5 益”质量管理模式。民兴质量管理发展过程如图 6–1 所示。

1988—2000年	2000—2010年	2010—2018年	2018年以来
初创期	转型期	发展期	成熟期
注重品质 检验把关 学习管理	导入ISO质量 保证体系 注重工序控制 从供应到客户 的管理	导入ISO质量 管理体系 以客户为中心 重视经营管理 从设计到客户服 务的全面管理	“3新+5益” 质量管理 升级型全面 质量管理 注重创新

图 6–1　民兴质量管理发展过程

线缆行业是传统制造行业，一线生产工人普遍质量意识不强，质量成本意识薄弱，信息化程度不高等，民兴也面临类似的问题。为解决人力资源问题、信息化互联问题和创新管理问题，需要有更好的方法和模式来全面管理质量。企业中高层经过不断的研讨总结，突破了思路，逐

渐提炼出新的"3 新 +5 益"质量管理模式，解决了信息和大数据的整合问题，使过程管理更加有据可依；通过创新性工作方式，解决了工作中执行力不足的问题，提高了工作效率，激发了员工工作的积极性和主动性；通过卓越绩效创新制度，解决了人力资源的问题，增强了员工追求卓越工作成效的意愿。

三、质量管理制度、模式或方法的主要内容和要素构成

（一）"3 新 +5 益"质量管理模式

主要设计思路：一体两翼，飞跃发展。中间是电缆形状，寓意民兴以电缆为主业，专注于电缆的研发和制造。外围的圈是一层预防保护盾、金铠层，强调民兴通过智能化、信息化防范风险。同时，用互联网思维、"互联网 +"、精益管理，优化智能化、信息化建设，确保"点亮万家灯火，为更多家庭传输光明"的使命必达。用新求益，以专求精。

立足"3 新"，即以卓越绩效创新、制度流程创新、工作方式创新三个创新为工作中心，持续改进。

彰显"5 益"，形成宏大和正确的战略方向。

（1）有益于实现以客户为中心，让顾客满意。

（2）有益于整合供方资源，实现供应链一体化，使供应链体系如意。

（3）有益于以绿色低碳的发展理念促进社会和谐，让国家和社会

满意。

（4）有益于以实际行动践行以奋斗者为本，让更多员工满意。

（5）有益于促进企业高速发展，经济效益科学稳健倍增，让股东满意。

“3 新 +5 益”质量管理模式如图 6–2 所示。

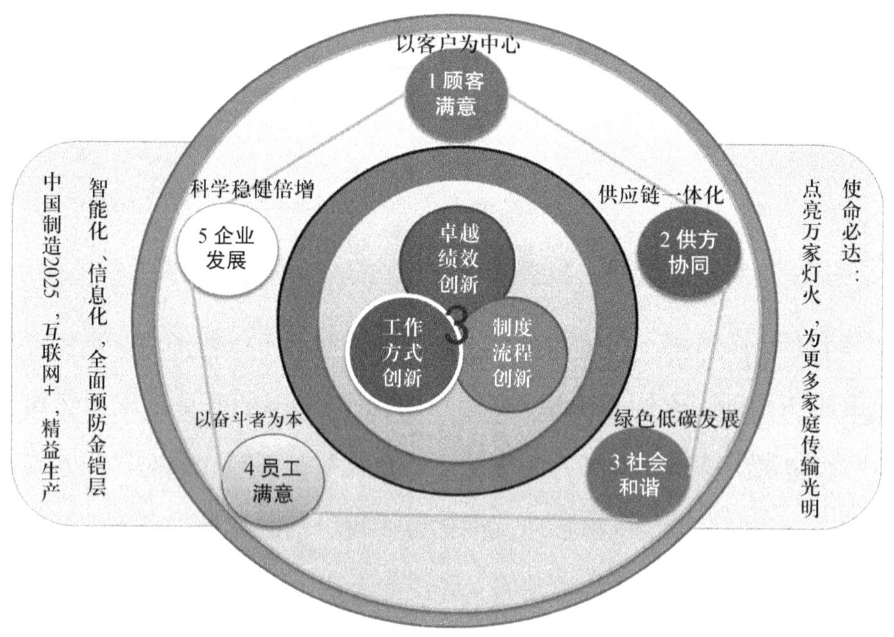

图 6–2　“3 新 +5 益”质量管理模式示意图

（二）“3 新 +5 益”质量管理模式的核心思想

“3 新 +5 益”质量管理模式是继承现代全面质量管理的相关理论和理念，并基于企业生产运营的具体实践发展而来的。

“3 新 +5 益”质量管理模式是一种全方位体现民兴质量方针（“品质

至坚、服务至诚、持续改善、精益求精"）的管理范式，指明了实现质量方针目标的路径。

"3 新"——

"卓越绩效创新"为其实现提供驱动力；

"制度流程创新"为其提供过程 / 方法上的保障；

"工作方式创新"为完成质量方针目标提供保障。

"5 益"——

"以客户为中心"：生产服务过程以客户为中心，使客户满意，实现与客户共同发展；

"供方协同"：与供方紧密协调，以品质为中心，相互促进，共同发展；

"社会和谐"：以绿色发展为己任，大力研发环保产品，各项环保指标达到或优于国家环保要求；

"员工满意"：以奋斗者为本，切实履行承诺，回报员工，全员参与持续提升质量，形成"自主驱动"的质量管理氛围，激发企业持续迭代升级的内在活力；

"企业发展"：促进企业稳健发展，使股东满意。

（三）民兴的质量管理体系

民兴的质量管理体系由一系列的文件和制度支持，进而保障"3 新 +5 益"质量管理模式实施的有效性。民兴的质量管理体系围绕公司运营的全过程环环相扣、紧密联系，并不断持续创新。

民兴的质量管理体系如图 6–3 所示。

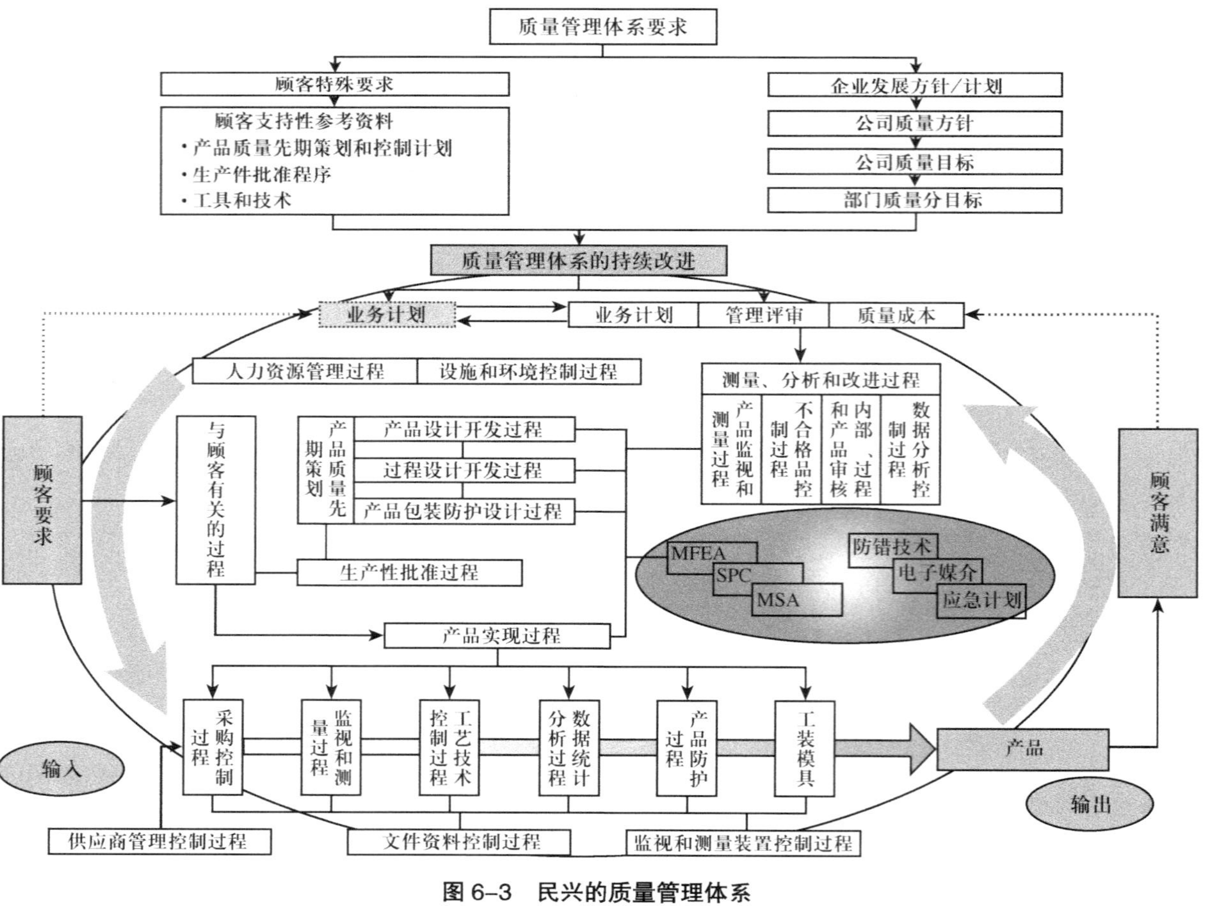

图 6-3　民兴的质量管理体系

四、质量管理模式在实践应用过程中的典型做法及成效

"3 新 +5 益"质量管理模式是民兴基于理论和实践总结出来的管理模式，在实践应用过程中的典型做法及取得的部分成效具体如下。

（一）典型做法

1. 实现顾客满意

构建"以客户为中心"的生产服务过程，实现与客户共同发展，"点亮万家灯火，为更多家庭传输光明"是民兴服务客户的最佳体现。在充分考虑顾客及相关方要求的情况下，民兴识别了产品生产服务、运营服务的三大核心要求，即安全可靠、性价比高、节能环保，通过制度流程将相关要求细化为具体的控制要素和标准，并设置相应的监控手段和指标，以确保全面满足客户要求。

民兴通过执行检验相关制度，使检验更加具体化和规范化。过程检验辅助文件《首检管理制度》强调了首检的必要性和重要性，针对首检执行不力会导致浪费材料、影响质量的情况，将首检工作进行标准化和制度化，对检查项目、检查方法、执行人员进行一一规定，并在民兴自己开发的 QMS 系统上，列明具体的标准技术参数和判断工具。

民兴通过实施《生产计划与生产过程控制程序》，识别公司的价值创造和支持过程，通过有效地监视和测量过程的实施，及时实现过程的持续改进，并通过编写作业指导书控制过程，明确规定质量生产管理的工作流程、质量要求和质量控制要点，确保每一个过程都按照规定的要求实施。

民兴以客户为中心，制定了与客户相关的程序，建立了有效的市场信息反馈渠道，设立了固定的投诉及服务电话（400–188–3331），有力保障了消费者的合法权益。同时，定期进行顾客满意度调查，并对存在的问题进行改进，不断提高顾客对产品及各项服务的满意程度。民兴制定了《产品召回程序》，适时召回产品。为了避免损害公信力，民兴对媒体的报道做好准备，并指定专人（管理者代表或公司的公关人员）负责，以便恰当地向公众传达召回相关的信息等。

民兴打造高质量产品和服务取得的成果如表 6–1 所示。

表 6–1　民兴近年来取得的部分荣誉

获得奖项	颁奖机构	获奖时间
电线电缆十大品牌（前三强）	十大品牌网	2019 年 5 月
中国房地产电线电缆十强供应商	明源云采购	2020 年 12 月
中国线缆行业最具竞争力企业 20 强	中国电线电缆网 / 线缆信息研究院	2021 年 12 月
广东线缆行业最具竞争力企业 10 强（前三强）	中国电线电缆网 / 线缆信息研究院	2020 年 12 月
中国房地产开发企业综合实力 TOP500 首选供应商 – 电线电缆类	中国房地产业协会 / 上海易居房地产研究院	2021 年 3 月
2021 年度东莞市规模效益成长性排名前 20 名企业	东莞市人民政府	2022 年 2 月

续表

获得奖项	颁奖机构	获奖时间
广东省电线电缆行业协会常务副会长单位	广东省电线电缆行业协会	2020年8月
全国质量信得过产品	中国质量检验协会	2021年7月

2. 全员参与持续提升质量

民兴全员参与持续提升质量，形成"自主驱动"的质量管理氛围。

民兴将员工视为宝贵的财富，通过《创新管理制度》《提案改善制度》等，鼓励全员参与创新，为产品和服务改善献计献策。同时，结合具体的实际情况，以追赶超越、降本增效、科技进步为重点，制定高质量发展的创新管理体系，让高质量发展成为全体员工的共同追求。

民兴在通过管理制度有效规范员工的同时，对其采取多种多样的激励措施。例如，通过实施绩效薪酬制度、创新和提案制度，开展质量工匠之星评比、年度技术能手评比等活动，激励员工创新，提高员工的质量意识及操作水平，进而打造高质量产品。

案例1：安全质量月活动

民兴每年9月开展安全质量月活动，通过知识竞赛、知识讲座、宣传栏知识展示等形式多样的活动，丰富员工的安全质量知识，提升安全质量意识。

3. 制定与执行质量管理体系

民兴通过制定与执行质量管理体系，确保"品质至坚、服务至诚、持续改善、精益求精"的质量要求得到层层分解和落地，管理责任得到层层落实和跟踪，工匠们的技艺和经验得到固化和传承，现场工作的规范性和有效性得到显著提升。

民兴通过管理手册明确管理理念；通过绩效管理明确每个业务过程的管控目标、总体要求和责任分工；通过业务流程明确业务流转顺序、负责岗位和过程关键绩效指标；通过业务流程的规范实施，明确相应的准则、标准及规范，明确实施过程中的各类风险及应对措施。每一份制度流程都通过了风险分析、设计论证、实践检验，以及多层级高级岗位人员的审校把关，并在实践中通过工匠的持续反馈而优化、迭代升级。通过“有监督、有据查”，确保所有过程按照程序制度的要求执行，从而得到正确的结果，控制非预期风险。

4. 创新管理模式

民兴通过制度流程创新，运用信息技术对生产流程与管理流程进行规范化与流程再造。公司优化了以订单保质保量交付客户为核心的订单运作管理体系，以及人力资源、品质、制造、技术、财务、仓储物流等保障管理体系，实现了有制度就有流程，有流程就有对应的信息化模块，有信息化模块就有结果和改进需求，有改进就有实施结果反馈的PDCA 循环管理，从而大大提高了运营效率，减少了资源浪费。

在全面绩效管理创新方面，并非采取简单的计分、互评制度，而是统一归口管理，分别制定了各部门的激励制度与 KPI 指标，这是绩效账单的计提依据。数据的采集依靠民兴的信息化经营系统。每个部门都有公司层面的一级指标，而部门又分解出对各岗位的考核指标，做到大集体有、小团队强，让绩效驱动事务高效运行。

工作方式创新是保证将制度与创新方案落地的法宝。月度工作方式

创新计划主要来源于年初总体目标实施策略、月度工作创新计划、重要会议决策，融入了 OKR 管理模式，设定了完成时间、效果、确认方式、确认人等，并通过奖励的方式，确保最重要、最迫切、最关键的任务和创新计划顺利实施。

5. 创新数字化系统

信息数据驱动生产运营，实现管理效能“质的飞跃”。民兴通过中长期规划前瞻性地将信息技术应用作为重要战略，通过信息化手段推动生产管理过程数字化、智能化，显著提升工作效率效能并有效支撑管理决策。以《中国制造 2025》和“互联网 +”为指导，民兴组建了信息部，专门负责信息化工作，开展信息团队建设，自主开发或与软件公司合作开发信息系统，实现数据高效整合，做到技术可控、发展安全、自主先进，并拥有软件著作权。基于业务流程融会贯通的企业资源计划（ERP）管理系统，实现人财物的一体化管理。通过信息化建设，将绩效创新管理和制度流程创新成果进行固化和落地，实现上下方向一致、目标明确、行动快速、过程全信息化反馈和可追溯的高效管控。

在生产方面，民兴结合云计算、大数据和 MES 技术，实现了“管控一体化”，由“传统工艺”向“数字化工艺”转型，提升了生产效能，提高了生产质量。目前，通过信息系统的合作 / 自主开发及应用，形成了数据统一门户，打造了自主可控、收放自如、贴近需求的应用系统平台，并通过自主研发信息化体系，推动了电缆行业信息化管理水平的提升。

6. 与供应商协同发展

民兴编制实施了《采购管理控制程序》，覆盖材料采购的管理流程，包括供应商的甄选、质量的评定、供应商的评价和现场审核，并制定了针对主要供应商的《技术补充协议及质量承诺函》，约定了因来货质量造成的经济损失的赔偿和处罚细则，对供应商起到了很好的约束作用。民兴每年对供应商进行现场审核，发现问题督促其整改，进一步加强了对供应商的约束，同时也有利于供应商改进产品质量，促进供应商的发展，进而保证来料质量的稳定。

（二）发展成效

“3 新 +5 益”质量管理模式是在民兴进入发展期后逐步发展和成熟起来的。通过多年实施该模式，民兴已发展成为省内行业龙头、国内行业前茅，在生产效率、研发成就、建设用地产值、经营指标、节能环保和客户忠诚度等关键指标上均呈现良好的趋势。

五、质量管理制度、模式或方法的创新性和推广价值

“3 新 +5 益”质量管理模式虽然建立在民兴的具体经营模式下，但是其具有独特的“以新求益”“以专求精”作用，在行业和社会中有广泛的推广价值。

（一）创新性

民兴在行业的健康、高速倍增发展，证明了“3 新 +5 益”质量管理模式的可行性。当前公司以“百亿民兴”为战略，以国家社会、市场顾客、企业股东、上下游供应链、员工等层面都满意为目标，通过管理

模式、机制体制和科技创新，坚持战略市场方向，坚持核心产业，用好"以质取胜"的法宝。

民兴"3 新 +5 益"质量管理模式结构清晰、层次分明、形象生动、中心突出。围绕做好产品、提供好服务，实现企业核心价值，传递企业使命，形成一体两翼，使输入输出两边平衡发力，进而展翅高飞。结合大数据、"互联网 +"、智能化等应用，通过信息系统和信息化应用规避企业发展风险，用科技手段提升管理效益和经营效益。

电线电缆行业是传统制造行业，民兴"3 新 +5 益"质量管理模式不单以客户为中心，更加注重供应链一体化体系建设，优化、整合、培育上下游供应链，实现协同发展，共同进步。民兴的管理团队呈现年轻化、高学历、专业化等特点，正是年轻人不怕困难、勇于接受挑战的精神使企业做精、做专、做尖端。企业经过千锤百炼、持续打磨，用新求益，以专求精。

（二）推广价值

民兴"3 新 +5 益"质量管理模式在以下方面对行业和社会有借鉴价值：有助于企业推进全员绩效管理模式，鼓励使用创新制度，克服绩效管理过于僵化教条的弊端，相关业绩通过数据量化体现；鼓励全体员工拥抱变革，不断学习和拓展自己的视野，聚焦用户，顺势而变。

案例 2：

广东祥利科技有限公司是民兴上游供应商，其与民兴合作多年，并且有良好的沟通，不仅在产品品质上紧密交流，在文化、经营管理经验上的交流也取得长足进步，民兴的质量管理模式也在其经营管理中得到推广。

广东祥利科技有限公司借鉴民兴的工作方式创新制度，制定工作方式创新的专项管理制度，对日常经营活动中紧急、重要的事项安排专人负责，开展专项管理、专项检查和验证。工作方式创新计划主要来源于总体目标分解的实施策略、部门和个人创新计划、公司重要会议决议，纳入月度工作进行管理，每条计划设定完成时间、结果验证、责任人等，并纳入奖惩管理制度，确保公司最重要、最关键的任务、策略和创新计划顺利实施。这不仅提高了工作效率，还大大提升了经营管理的工作成效，公司经营业绩也在同行中名列前茅。

东莞理工学院：扎根地方产教融合应用型创新人才培养模式

一、组织概述及质量管理实践模式总结

东莞理工学院（以下简称学校）是东莞市的第一所普通本科院校，由省市共建，以市为主，诺贝尔物理学奖获得者杨振宁博士任名誉校长。学校于1990年筹办，1992年4月经原国家教委批准成立，2002年3月经教育部批准变更为本科全日制普通高等院校，2005年启动开展联合培养研究生项目，2006年5月获批为学士学位授予单位，2010年6月被批准为教育部首批“卓越工程师教育培养计划”实施高校之一，2015年9月被确定为广东省重点支持的高水平理工科大学建设单位，2018年5月被确定为新增硕士学位授予单位，2019年7月成为全省唯一省市共建新型高水平理工科大学示范校，2020年成功入选首批国家知识产权试点高校名单，2021年5月获批成为省博士学位授予立项建设单

位。学校建有17个实验教学中心，其中有10个省级实验教学示范中心。建立了以工学为重点，管理学、文学、理学、经济学、法学、教育学等多学科协调发展的学科专业体系，设有20个二级学院，59个本科专业。

学校立足粤港澳大湾区，依托东莞，扎根地方，努力服务地方经济建设和社会发展。坚持走创新之路、走特色之路、走质量办学之路、走科学管理之路，践行“学而知不足”的校训，坚持知行合一、立德树人，经过几十年的探索，逐步形成了扎根地方产教融合应用型创新人才培养模式，着力培养适应现代产业发展需求，勇于担当、善于学习、敢于超越的高素质应用型创新人才。

东莞理工学院两个校区如图7–1所示。

图7–1 东莞理工学院两个校区图（上图为松山湖校区、下图为莞城校区）

二、质量

（一）质量发展

学校建立了以工学为重点，管理学、文学、理学、经济学、法学、教育学等多学科协调发展的学科专业体系，设有20个二级学院，59个本科专业。确立人才培养“九个具有”总标准，修订各专业人才培养方案，出台人才培养模式改革新“十条”，实施《争创一流本科教育2025行动计划》，强化本科教育的基础地位，大力加强专业建设和课程开发，完善应用型人才培养体系。学校完善了校内教学质量监测与评价方法，创设了“二级学院教学质量指数”和“教师课程教学质量系数”（简称“两数”），建立了教学质量监测与评估结果与二级学院和教师的教学业绩直接关联的激励与约束机制，大大强化了全体教师的教学质量意识，促进了教学质量的持续提升和学生对教学满意度的不断提高。

学校以“三全育人”为指导，坚持全员育人、全程育人、全方位育人，体系化构建了课程、科研、实践、文化、网络、心理、管理、服务、资助、组织以及社区、朋辈等“10+2”育人育才体系，最大限度地满足了育人的多元化需求，为创建国家级“三全育人”示范校打下了坚实的基础。学校建有17个实验教学中心，其中10个是省级实验教学示范中心，形成“六强化六着力”新工科建设示范模式。学校与国内外关键顾客群签订战略合作协议，通过在海外、重点镇街、重点产业等顾客集聚区附近建立创新中心、现代产业学校等方式，全方位满足顾客需求，提高顾客满意度。

（二）质量安全

学校高度重视人才培养、科学研究和服务社会的质量安全工作，对安全隐患进行系统梳理，按照职责分工对安全工作进行分类管理，确保各项工作的顺利进行。

1. 意识形态安全

将教师思想政治工作摆在重要位置，遵循教育规律和教师成长发展规律，引导教师坚定理想信念，坚定“四个自信”，树立正确的历史观、民族观、国家观、文化观。落实全员、全过程、全方位育人要求，大力推进“课程思政”，增强育人者先育己的自觉性，实现对教师的思想引领和价值塑造。自开展高水平理工科大学建设工作以来，每年组织多批次骨干教师和新进教职工参加线下的师德师风建设、思想政治教育提升班，以及课程思政能力提升训练营等，同时于近年开展“厚植弘扬师德风尚 做新时代党和人民满意的好老师”网络专题培训。把师德师风作为评价教师队伍素质的第一标准，健全教育、宣传、考核、监督与奖惩相结合的师德建设工作机制，开展师德年度考核，严格师德失范行为处理，将师德师风问题“一票否决”落实到招聘引进、职称评聘、评先评优、年度考核等工作中。

2. 校园安全

为了更好地保障全体师生员工的人身和财产安全，为师生员工提供一个安全、和谐、文明的校园环境，学校特建立安全防范系统，采用人防、技防、快速反应相结合的新的工作模式，有力地增强了校园防控能

力，使校园安全管理工作更加科学、快捷、高效。安全防范系统的指挥中心设在行政楼一楼校园安全监控中心，规划中的安全监控中心有七个子系统，分别是闭路电视监控系统、火灾报警系统、门禁管理系统、防盗报警系统、巡更系统、周界报警系统和车辆出入管理系统，现已建成的有闭路电视监控系统（一期）、火灾报警系统（已投标）、门禁管理系统（部分）、防盗报警系统（部分）、巡更系统。制定了《东莞理工学院党政领导干部安全生产责任制实施方案》，将安全生产纳入党委议事日程，纳入学校重点工作，组织制定安全生产规划并纳入学校教育教学发展规划，每月至少召开一次党委会或校长办公会议专题研究安全生产工作，及时解决安全生产突出问题。组织制定学校领导干部年度安全生产重点工作责任清单并定期检查考核；在学校有关工作部门职能规定中明确安全生产职责，督促落实安全生产"一岗双责"制度；将安全生产纳入学校各类考核评价体系，作为衡量教育教学成效的重要指标和领导干部政绩考核的重要内容；建立健全安全宣传教育的长效机制，落实安全宣传教育课时、内容、师资、场所等要求。通过开展上述工作，学校被评为广东省安全校园。

3. 网络安全

学校定期召开网络安全与数据标准化建设推进会，每年召开三次信息系统管理员工作例会，督导全校网络安全工作，开展网络安全专题培训，为打好网络安全攻坚战提供坚实基础。建立网络安全监测预警和应急响应机制，科学应对突发事件，起草了《东莞理工学院网络信息安全突发事件报告机制》和《东莞理工学院网络信息安全突发事件应急预案》，制定了《网络安全事件应急响应预案》和《网络安全事件报告机制》草案，确保数据、信息和知识的准确性、完整性、可靠性、及时性、安全性和保密性。

（三）质量水平

1. 教学质量满意度

学校坚持贯彻以顾客为中心的主线，通过系统的服务体系、规范的投诉处理机制，不断提高客户的满意度。学校 2018—2019 学年大一至大四学生对学校的总体满意度分别为 95%、91%、92%、95%，高于 2017—2018 学年的 93%、88%、88%、92%，高于同类院校同年级的 92%、87%、88%、92%，历年毕业生总就业率平均在 99% 以上，用人单位满意度达 94%，毕业生实际表现获得用人单位高度认可。

2. 学科和专业建设质量

学校根据国家、区域科技和产业发展需求，重点打造智能制造、绿色低碳、创新服务三大学科专业集群。通过扎实的工作，学校学科和专业建设质量不断提高，工程科学进入 ESI 全球排名 1%，计算科学与技术学科全国排名第 92，获批省级特色重点学科、省级优势重点学科、省高等教育“冲补强”重点建设学科 9 个。通信工程、软件工程、社会工作 3 个专业入选 2019 年度国家级一流本科专业建设点，应用化学、电子信息工程、环境工程、工商管理、计算机科学与技术、机械设计制造及其自动化 6 个专业入选 2019 年度省级一流本科专业建设点，获批计算机科学与技术（一级学科）、资源与环境（专业学位）、机械（专业学位）3 个硕士学位点，机械设计制造及其自动化、电子信息工程、应用化学、软件工程获得 IEET 工程教育专业认证证书。

三、创新

（一）技术创新

1. 完善科研制度

深化科研体制机制改革，构建“1+N”制度体系，初步形成“顶天立地”的科研工作格局。聚焦科技评价机制、科技成果转化、科研项目及经费管理等方面，不断加强科研制度改革；实时动态更新各类项目申报节点，召开国家自然科学基金、社会科学基金申报动员大会及辅导会，强化重大项目申报工作。有力支撑中国散裂中子源建设，与中国科学院高能物理研究所共建4个联合实验室，为中国散裂中子源工程建设研发系列重要装置，建设了“东莞理工学院－中国散裂中子源多物理谱仪”。建有广东省重点实验室等各类省级科研平台28个，东莞市重点实验室等市级科研平台33个。牵头组建东莞市先进光子技术研究院，积极参与材料科学广东省实验室建设。着力建设科技创新研究院，成立资产经营有限公司、大学科技园有限公司等，在2018年全省高校科技创新暨高等教育“冲一流、补短板、强特色”提升计划工作推进会上，学校获得“国家大学科技园培育单位”称号。

2. 建设科研平台

学校参与“科技东莞”工程建设，与西门子、华为、中国科学院高能物理研究所、中国科学院工程热物理研究所等国际知名企业、著名科研院所积极开展科研平台建设合作，与西门子共建了全国高校首家智能制造创新中心，并建设了中国科学院工程热物理所东莞新能源研究院、广东省分布式能源系统重点实验室、广东省新型纳米材料工程技术研究中心、中德精密制造技术中心等一批重点科研平台。现有省级平台28个，市级平台33个，其中广东省重点实验室1个、广东省工程技术研究中心9个、广东高校工程技术开发中心3个、广东高校国际暨港澳台合作创新平台2个、广东省非物质文化遗产研究基地1个、广东高校人文社科重点研究基地1个、东莞市公共技术服务平台2个、东莞市级重点实验室17个、东莞市工程中心2个、市厅级社科科研平台2个；另建有校所联合实验室5个，校内科研机构15个。

（二）质量创新

1. 建立了完善的教学质量管理与评估系统

学校贯彻卓越绩效评价准则的理念，不断提高人才培养、科学研究和服务社会的质量。学校成立了教评中心，专门负责教学评价工作，建立了完善的教学质量管理与评估系统，进一步完善了教学质量信息采集、分析、反馈制度。一是规范教学督导听课、领导干部听课制度，重视学生信息员、在校生和毕业生等信息的收集、处理、反馈。二是不断改进学生评教工作，实现了移动终端上网评教，课程覆盖面由理论课扩大到实验课、体育课、音乐实操课和校外实习等课程，2018年两个学期参评课程共达4343门次，学生评教覆盖面由2017年的85.0%提高到89.8%。聘用学生信息员685名，收到对2946门课程的到课率统计，平均到课率达到98.5%，收到其他教学信息966条，这些信息反馈到相关部门后得到有效处理的比例达到85%。三是形成了教学评价报告制度，

委托第三方撰写了《教学质量改进报告》，自主编写并发布了《东莞理工学院本科教学质量年报》《东莞理工学院 2019 年本科课程评估报告》以及各二级学院本科教学质量年报。

2. 在校生及毕业生质量信息调查常态化

学校委托第三方开展了应届毕业生调查和全体在校生学生成长调查，先后发布了《东莞理工学院生源与招生评价报告》《东莞理工学院毕业生培养质量中期评价报告》《东莞理工学院学生成长评价报告》《东莞理工学院应届毕业生培养质量评价报告》《东莞理工学院毕业生就业质量年度报告》，这些质量信息为改进人才培养工作提供了第一手资讯。目前，学校已经形成了在校生及毕业生质量信息采集、分析、反馈与改进的“闭环”，推动学校持续改进人才培养质量。

3. 通过现代产业学校提升应用型人才培养质量

学校深入实施卓越工程师教育培养计划 2.0，与龙头企业、行业协会、专业镇等共建华为信息与网络技术学校、西门子智能制造学校、粤台产业科技学校、粤港机器人学校、智汇谷现代网商学校、先进制造学校（长安）、360 网络空间安全产业学校、东莞知识产权学校、东莞理工学院（常平）智能制造与创意设计学校等现代产业学校，形成“六强化六着力”新工科建设示范模式。学校被确定为广东省教育厅第三批“易班”建设试点高校。

（三）管理创新

1. 完善治理结构

学校实行党委领导下的校长负责制，实施教授治学、民主管理的管理体制。学校党委是学校的领导核心，履行党章等规定的各项职责，把握学校发展方向，决定学校重大事项，监督重大决议执行，支持校长依法独立负责地行使职权，保证以人才培养为中心的各项任务完成。党委书记主持党委全面工作，负责组织党委重要活动，协调党委领导班子成员工作，督促检查党委决议的贯彻落实，主动协调党委与校长之间的工作。校长是学校的法定代表人，在学校党委领导下，贯彻党的教育方针，执行校党委有关决议，行使高等教育法等规定的各项职权，全面负责教学、科研、行政管理等工作。校长由符合法定任职条件的公民担任，按照国家有关规定产生、任命。学校设副校长若干人，按规定程序产生，协助校长分管学校的有关工作。学校通过党委会议、校长办公会议的形式对相关事项进行决策，学校纪委是学校的党内监督机关，监察部门是学校行使监察职能的机构，对校内各单位、全体教职工的履职行为等依法进行监察。

学校不断完善治理结构，修订颁布学校章程，制定党委会、校长办公会等议事规则和“三重一大”决策制度，出台党委领导下的校长负责制实施细则，完善学术委员会章程，优化二级组织机构设置，进一步健全“党委领导、校长负责、教授治学、民主管理、社会参与”的治理体系，规范权力运行机制。建立莞城校区联席工作会议制度，提升学校管理服务水平。推动二级学院建立理事会，发挥专业建设委员会的作用，吸引社会力量参与办学。

2. 实施人才强校战略

围绕建设高水平理工科大学的奋斗目标，学校确立了人才强校战略的核心地位。坚持“内稳外引”和“引育结合”，建有 4 个海外创新中

心和人才工作站，以超常规措施，面向全球引进一批活跃在国际学术前沿与产业一线、把握智能制造领域关键技术的“顶尖人才”“杰出人才”“学科领军人才”“学科方向领军人才”“学科骨干人才”“校长特聘人才”以及创新创业团队，首批遴选校内18位教师进入学科领军、学科方向领军、学科骨干等特聘岗位。2015—2019年共引进海内外高层次人才、优秀青年博士、博士后等近700人，双聘、特聘、柔性引进院士14人，引进教育部“长江学者”、国家“杰青”、国家“优青”、国家级教学名师、海外高层次人才等国家级人才达40多人次；现有“千百十人才培养工程”国家级培养对象1人、省级培养对象11人；“珠江学者”岗位计划、“珠江人才计划”、省“杰青”等省级人才有8人次；拥有东莞市领军人才4人，东莞市各类特色人才40多人，组建了20多个高水平学科科研团队。围绕全面提高人才培养能力这个核心点，学校实施“致远”教职工素质与能力提升计划，开展智慧教师建设，不断提升教师的专业素质和能力。着力开展“知行合一，立德树人”系列专题研修培训，打造“教学知与行”教书育人能力建设品牌。自开展高水平理工科大学建设工作以来，“知行合一，立德树人”系列专题研修培训共计开展58批次，合计超1300人次参训；自2019年以来，共组织47场次“教学知与行”专题活动和10场次成果汇报会。开展新进教职工入职培训，实施高等学校教师岗前培训，并辐射周边高校。自2019年以来，培训新进教职工167名，组织2批次共318人完成岗前培训学习。重视教学与科研学术交流，持续大力支持教师发展，自开展高水平理工科大学建设工作以来，共派出国内访问学者70名和国外访问学者72名，国外访学地点涵盖11个国家的50所国际一流学校。

3. 通过信息化建设提高管理效率

松山湖和莞城两校区光纤互联，校内光纤总长度80千米，校外长途光纤90千米；校园网络主干带宽万兆，出口带宽80G（位居全国高校前列），网络信息点38500余个，无线AP 6300个，有线网络与无线网络均已全面覆盖学校教学、办公、宿舍区；交换机517台，服务器330余台，存储容量20T，云桌面平台1个，私有云平台2个，服务师生教学、科研，管理水平明显提升。学校人事、财务、资产、教务、科研、办公等主要管理和服务业务基本实现信息化，共建有各类业务信息系统130余个。莞工支付系统具备全业务场景（商铺、校巴、票券、缴费、餐饮等）的支付能力；网上办事大厅应用场景持续增加，共开通162个办事流程。在教学科研资源方面，目前已建设存储涉及6个学科的大约10门网络课程及多媒体教学资源，总容量约4T。2017—2019年，完成了全校34个业务系统数据的清洗工作，形成包含教师类、学生类、资产类、教学类和科研类等9个标准数据集，478个数据表，6650余个标准化数据字段的数据中心。建立了思想状态大数据分析平台（学生成长系统），包含253条指标和150个数学模型，开展精准化、个性化人才培养所需的数据基础工作，信息化水平和综合能力已达到全国前20，在全国产生了显著的影响力。

4. 拓展国际合作与交流

学校获批设立东莞理工学院法国国立工艺学院联合学院，在智能制造相关的通信工程、软件工程和机械设计制造及其自动化3个专业开展合作，引进法国成熟的工程师人才培养体系和师资，为东莞乃至珠三角培养具备国际视野的高素质工程师人才，2017—2019年招生315人。与

澳大利亚新南威尔士大学、英国诺丁汉大学等世界前100的名校以创新方式正式开展博士研究生联合培养，与英国、美国、加拿大、澳大利亚、法国等25个国家和地区的58所大学及科研机构建立了合作与交流关系。

（四）创新价值

1. 科研经费

科研总经费从2016年开始出现“跃升”式攀爬，达到3.99亿元，2017—2019年继续保持高位增长，累计科研总经费达14.35亿元。

2. 科研项目

2017—2019年，承担国家科技部重点研发计划课题、国家自然科学基金项目等各级各类科研项目1327项，其中纵向课题567项、横向课题629项。

3. 获得奖励

（1）教学方面。2019年在第十五届“挑战杯”广东省大学生课外学术科技作品竞赛中首获“优胜杯”，获得特等奖1项、一等奖2项、二等奖6项、三等奖11项，同年11月在第十五届“挑战杯”全国大学生课外学术科技作品竞赛中获得二等奖1项。2019年在第五届中国“互联网+”大学生创新创业大赛广东省分赛上，分别获得主赛道和青年红色筑梦之旅赛道“优秀组织（高校）奖”，团队方面取得2银2铜的新突破；在浙江大学举行的第五届中国“互联网+”大学生创新创业大赛中，获得国家铜奖1项。东莞理工学院－文华数字化课程中心荣获教育部“产学合作协同育人项目优秀案例”。

（2）科研方面。学校先后以主要完成单位获得国家技术发明奖二等奖、教育部技术发明奖一等奖、环境保护科学技术奖二等奖、广东省科学技术奖特等奖、东莞市科技进步奖等国家级、省部级及市厅级科技奖励。在2018年和2019年的中国产学研合作创新成果奖评选中，有3个项目分别获得了一等奖、二等奖和优秀奖；时任副校长李忠红获得2019年度中国产学研合作促进奖。学校获得了日内瓦国际专利技术成果博览会金奖，拥有一批发明专利。与横沥镇共建3D打印公共服务中心和模具检测技术中心，形成全国校地协同创新“横沥经验”，获省科技进步奖特等奖。

四、品牌

（一）品牌建设

学校建立了由校徽、中英文校名、标准字、颜色、校园标志、PPT模板等组成的视觉形象系统，统一宣传对外形象，不断强化学校品牌特色。校徽标识主要由中文校名（由全国政协原副主席叶选平同志题写）、英文校名及DGUT四个英文字母等元素组成，三条竖线分别象征现代大学的三大职能，即人才培养、科学研究和社会服务，中心图案与外圆相连接，与绿色相映衬，犹如一棵植根沃土、枝繁叶茂的大树，寓意学校扎根莞邑大地，建设具有创新特色的名牌地方院校，英才辈出、生机无限。

学校通过官网（www.dgut.edu.cn）、校院二级微信公众号及社团微信

公众号系统宣传学校办学理念、招生政策、人才培养、科学研究和服务社会信息，为顾客和相关方提供了解学校和交流互动的平台。校宣传部是校院文化和品牌建设的责任主体，承担学校对外宣传工作及外部宣传学校的相关信息的收集整理工作，密切关注软科、校友会等高校排行榜对学校的评价，及时整理并发布相关信息，对《中国教育报》《南方日报》《东莞日报》等媒体对学校的报道及时跟踪，为树立学校形象提供第一手资料。

（二）品牌成果

1. 第一专业志愿录取率

第一专业志愿录取率直接反映了入学学生对专业的认知度与从业意愿。学校分析区域专业人才需求与质量要求，不断新增“数据科学与大数据技术”“智能制造工程”等专业和淘汰、停招不符合市场需求的旧专业，同时通过“校园开放日”“送课进中学”“地市咨询会”“建设优质生源基地”等方式加强招生宣传。学校面向全国 28 个省（自治区、直辖市、特别行政区）招生，13 个省份实行第一批次招生，2019 年第一专业志愿录取率为 49.11%，比 2018 年上升 3.27%。

2. 学校推荐率

学校一直以来关注顾客忠诚度，不断强化顾客关系管理，以“为顾客创造价值”为使命，全方位提高顾客的满意度和忠诚度。学校 2018—2019 学年大一至大四学生愿意推荐学校的比例分别为 67%、65%、66%、72%，均高于学校 2017—2018 学年的 63%、61%、59%、67%，以及同类院校的 63%、58%、60%、64%。

3. 学校影响力

学校成为全省唯一新型高水平理工科大学示范校，在中国校友会网2019年中国大学综合实力排行榜中位列全部本科高校第188位、理工类高校第65位、非“双一流”大学第73位，在2019年中国应用型大学排行榜中位居第一，实现了连年快速跃升。学校办学成效日益显著，得到社会各界的广泛信任，累计接受社会捐赠价值约6.2亿元。2018年，学校作为教育部指定的唯一地方院校，在新时代全国高等学校本科教育工作会议上做专题发言，介绍服务区域产业发展需求、培养知行合一实干型人才的经验做法，引起高教界和社会的热烈反响。

五、效益

（一）经济效益

2019年，学校实现理财收益共488.63万元，协助教育发展基金会实现理财收益约300万元；通过科学合理地调度资金，为学校节约利息支出约270万元。2017—2019年，学校专利运营数量和金额均呈现出快速上升态势，共完成专利转让/许可79件/项，合同金额达547万元，单件/项专利转让金额最高达150万元；与企业签订横向合同629个，合同总金额2.73亿元。学校建立了科学家在线平台，不断提高科研成果转化效率，成功转化62个科技项目，转化金额达546.93万元。学校建立光伏系统，实现对电资源的集约利用，每年可为学校发电约20.77万千瓦时，每年节约标准煤83.09吨，减少排放二氧化碳207.1吨。协同

后勤管理办公室强化铺位管理及水电费管理，探索资源节约利用；协同校办、人力资源处推进全校员工统筹管理，降低办学成本。与中国工商银行协商代垫社保费，弥补资金临时性短缺，节约资金成本。与资产经营公司探索引入社会资源盘活资产。与继续教育学院等讨论，探索做大继续教育、培训等，增加学校资源流入。

（二）社会效益

1. 服务社会

学校坚持把服务社会作为使命担当和动力源泉，主动服务国家战略、区域布局和企业需求，社会服务成效和影响力日益凸显。2013—2019 年，培养输送 2 万多名本科毕业生，其中约八成留莞就业创业。市内外 2 万多人获得继续教育本专科学历。面向社会开展专业培训，覆盖 8 万多人次。学校师生直接孵化企业 61 家，在孵企业 34 家。选派 6 批次 41 名青年博士到市直机关和镇街挂职。完成东莞市财政资助“机器换人”项目（涉及企业 2177 家，资助金额 10.6 亿元）的核查工作。深度服务市级“倍增计划”企业 101 家。2017—2019 年，学校派出 75 支科技创新服务小分队及专员，深入对接服务 22 个专业镇，取得丰硕成果，其中申请与授权国内专利共计 348 项，包括发明专利 199 项、实用新型专利 143 项，开展技术服务 92 项，服务企业 1824 家，成立基地 / 特色产业学院以及孵化器和研发中心 29 个，引进人才 719 人，联合培养人才 276 人。

2. 热心社会公益

在自身发展的同时，学校有预算、有重点地开展社会公益活动，并制定了公益规划，确定了以精准扶贫、行业支持、社会服务、社区公益等为重点公益支持方向，积极承担社会责任。2017—2019 年，学校公益支出 2162 万元，扶贫专项资金累计超过 230 万元，公益活动开展的频次、专业化水平及覆盖范围均在行业名列前茅。

综上，学校在省委省政府及市委市政府的正确领导下，在上级教育主管部门和社会各界的大力支持下，以更高效率的改革创新、更高层次的开放合作、更高境界的担当作为，落实“学而知不足”的校训，丰富“知行合一，立德树人”的办学思想，扎根地方践行“以卓越的创新教育与实践造福社会”的价值追求，形成了产教融合应用型创新人才培养模式，加快建设具有国际竞争力和影响力、国内一流、代表东莞形象的新型高水平理工科大学，向社会输送勇于担当、善于学习、敢于超越的高素质应用型创新人才。

海新智能厨房:“动态多维的立体核心能力航母平台战斗群”质量管理模式

一、组织概述及质量管理实践模式总结

广东海新智能厨房股份有限公司（以下简称公司）是一家高速发展的领先型国家高新技术企业和市荣誉倍增企业，多年来聚焦于智能厨电系统相关领域及产业，已成为集设计研发、制造、营销与集成方案服务于一体的一站式生产与服务提供商。公司主要产品为各类技术先进、质量可靠的智能型厨房电器。近年来，公司积极推进国际化发展战略，形成了年出口 6000 个以上集装箱烤箱的产能。

近年来，公司重视核心能力建设，大力推进技术管理和质量预防管理机制建设等，在合理规划 OA 自动化、ERP、PLM、全面预算管理财务系统等的基础上，落实公司的先进信息化及智能化管控体系。公司通过组建海内外专家技术团队，积极开展与各高校和研究机构的产学研合作，推动研究生工作站、工匠人才创新工作室等建设，带动核心技术的发展和产业链的共同发展，全面提升核心领域的技术水平和生产制造工艺。公司先后获得200多项发明专利和实用新型专利，拥有全球注册的ThorKitchen和Lycan自主双品牌，荣获国家知识产权优势企业、第四届广东专利奖（优秀奖）、第十九届中国专利优秀奖、广东省知识产权优势企业、广东省知识产权示范企业等荣誉，获得了较高的行业地位和顾客满意度及忠诚度。

经过多年的国内外市场拓展，公司先后在香港、深圳、洛杉矶、芝加哥等地成立了分公司，在全球尤其是美国、加拿大等发达国家市场建立了完善的营销网络、渠道及服务体系，自主品牌ThorKitchen产品畅销北美市场，与世界500强Lowe's、知名卖场Costco、Wal-Mart、Home Depot、Menards、CTC、Loblaws等客户建立了紧密的合作关系，与厨电顶尖品牌AGA、GE等建立了战略合作伙伴关系，并与美的、海尔成功联手，使其成为海新的战略合作供应商。

公司从2016年引进并大力推行卓越绩效管理模式，经过长期的管理实践，摸索和总结出了颇具特色的“动态多维的立体核心能力航母平台战斗群”质量管理模式（见图8-1），推行“一把手”质量管理制度和质量主体责任管理机制，重点打造“四个一”质量追溯管理，以专注精神和专业水准提供业界一流的产品与服务。

图 8-1 海新质量管理模式示意图

二、质量

（一）质量发展

1. 建立"质量优先"战略并有效推动实施

公司在 2017 年确立了"绿色智造，幸福生活"的组织使命，坚持以顾客为中心和技术领先的平台型组织战略，以引导企业的高质量发展。围绕公司战略、目标和业务类型，组织制定了包括质量战略在内的职能战略和业务单元战略，形成了具有特色的完整"战略执行体系"。公司提出了"品质是企业的生命线"这一品质管理理念，实施"质量优先"战略举措，建设全面质量体系，通过质量和技术优势形成差异化的核心竞争力。

公司制定了质量规划，明确了各年度质量目标和质量管理重点工作任务。总经理每年主持召开质量、环境、职业健康安全体系（简称 IMS 体系）管理评审会议，组织相关人员对体系运行情况进行研究、检视、评价和改进。管理者代表高度重视质量工作的开展，通过月度质量会议推动组织质量和绩效的持续改进，强化干部的质量意识，提升质量水平。高层视品质为企业的生命，开展闭环质量管理工作，以提升产品、服务质量和顾客体验。

2. 树立以责任为核心的价值观念

通过总结多年发展经验和经营管理的关键要素，公司逐步提炼出科学清晰的愿景、使命、核心价值观和战略目标（见表 8–1）。核心价值观中的“责任”针对质量提出“安全可靠，以责担之”的要求，针对产品提出“注重标准，提供精品”的要求。海新核心价值观如表 8–2 所示。

表 8–1　海新文化体系

愿景	成为全球领先的智能厨电系统一站式方案提供商
使命	绿色智造，幸福生活
核心价值观	◆ 责任　◆ 创新　◆ 拼搏　◆ 共赢
战略目标	成为世界领先的智能厨电综合解决方案服务商

表 8–2　海新核心价值观

核心价值观			
责任	**创新**	**拼搏**	**共赢**
承担应该承担的责任，做好应该做好的工作，完成应该完成的任务	开发增值新产品；更新和扩大产品与服务市场	组织协同，拼搏进取	共生、共享、共创、共赢

公司明确了品质管理理念，即品质是企业的生命，并在《风云月刊》中加以宣传。

根据公司的品质管理理念，在公司高层统领下，打造了独具特色的公司质量文化。

3. 健全质量管理机构

总经理为公司质量最高负责人，总经理任命管理者代表主持质量管理中心和质量体系工作，负责重大质量事项决策和质量、环境、职业健康安全三大管理体系（简称 IMS 体系）的运行管理。品质管理部下设品质科，负责产品的检验和试验，拥有一支 30 人的技能过硬的专业检验队伍；下设实验室，负责所有产品研发前期各项性能测试、产品 UL 和 CSA 认证测试、零部件和成品寿命测试、零部件来料检验测试，并负责 THOR 品牌的厂内品质验货和 OEM 验货。

4. 重视技术和质量人才队伍建设

公司在技术和质量人才队伍建设上持续投入，现拥有一支力量雄厚的高级技术、质量人才梯队。目前，公司拥 10 名烤箱产品高工级创新领军人才、杰出产业人才，为保证产品质量打下了坚实的人才基础。

公司通过不断加强质量系统保证能力建设，持续在技术和质量人才培育、制造能力提升、管理体系规范、产品认证贯标、内部流程标准化、计量检测要求落实等方面构建国内一流的保障能力，为产品和服务的稳定性、可靠性和一致性提供根本保障。

5. 建立科学的质量、技术人才培养体系

公司高度重视质量、技术人才的培养，建立了科学的质量专业技术人员培养和管理体系。公司各职能部门设立了关键质量、技术岗位，包括研发设计、工程设计、检验工程师、质量工程师、服务工程师、技术工人等岗位。针对这些岗位的不同特征，公司确定了“师带徒”、职称级别评定、参与政府或行业专家库入库、继续教育学历提升等不同的培养方式。

（二）质量安全

1. 建立完善的质量责任管理体系

公司建立了全面质量责任管理体系和考核激励机制，明确了质量管理主体的责任和管理机制。品质管理部起草公司年度质量目标并完成目标转化和分解，然后提交管理者代表审核，审核后报总经理批准，最后发布实施。总经办和人资行政部将各部门对应的质量目标指标纳入该部门“年度经营目标协议”并组织签订责任书，通过责任书进一步展开和明晰质量管理的主要目标和关键重点任务，确保措施分解到具体流程和岗位。

坚持质量“一把手工程”和“四个一”质量责任追溯模式，明确总经理为公司最高和第一质量责任人，质量管理者代表为质量体系总责任人，品质管理部经理为综合质量责任人，事业部经理及各职能部门经理是承担部门质量指标考核的“部门质量第一责任人”。

2. 重视质量诚信管理

公司从制度、文化和机构设置三个层面，着手构建质量诚信机制，以促进内部的合规经营，营造守法经营的良好环境。高层领导带头学习《公司法》《合同法》《企业所得税法》《劳动法》等近 200 多部企业相关法律、法规。严格遵守各类法律法规，建立、完善财务和审计制度，规

范各类经济合同，严守信息披露规定，坚决防止内幕交易，依法保障员工利益等。公司制定了《质量诚信管理制度》和《内部审计制度》，法务部负责对业务的合法合规性进行全过程审核，《员工手册》等制度中明确规定了对诚信和失信的奖惩措施。

公司每年9月会举办"质量月"活动，通过活动大力培育和提升员工的质量诚信意识。采购、人资和质量等部门组织与供应商、合作商等签订"质量保证协议"等，不断促进供应商、合作商等提升质量诚信意识。公司上下形成了守法诚信的良好风气，并与客户、供应商、公众等相关方形成良好的互动，确保风险可控且各项经营管理活动依法依规地持续开展。

公司坚持诚实守信和合法经营，自成立以来无质量和诚信不良记录，连续八年荣获"广东省守合同重信用企业"，在银行一直保着AA级资信，连续多年被评为东莞市"A级纳税人"和"重点纳税大户"等。

3. 建立一套柔性的质量安全风险预防与管控体系

公司建立了独具特色的质量安全风险预防与管控模式，该模式以"三不原则"和"四持续方法"为核心内容，对产品质量风险进行高标准的动态管理。"三不原则"：不让客户承担风险，不让风险升级，不把风险转移；"四持续方法"：持续质疑，持续识别，持续管控，持续回顾。

（三）质量水平

1. 产品性能达到国际先进水平

通过提升设计研发质量管理能力和落实全过程质量预防管理机制，

公司技术水平得到了显著提升，研发成果硕果累累。公司的烤箱离子点火安全控制系统、高温耐火涂层技术及应用处于国际先进水平，炉头燃烧器产品获得 2017 年第十九届中国专利奖优秀奖。烤箱产品关键绩效指标的当前水平和趋势如表 8-3 所示。

表 8-3 烤箱产品关键绩效指标的当前水平和趋势

主要技术指标	本企业水平	同行业水平	国际水平
烤箱内部温控精度均温（F）	± 15 ℉以内	± 15 ℉ ~ ± 25 ℉以内	± 10 ℉以内
炉头 CO 排放量	≤ 0.04	≤ 0.06	≤ 0.03
控制区表面温度	≤ 130 ℉	≤ 150 ℉	≤ 120 ℉
高温清洁温度	800 ℉ ~850 ℉	750 ℉ ~800 ℉	920 ℉
离子熄火保护	6 头炉同时独立点火和独立监控 6 炉头	6 头炉同时监控无独立点火和独立监控 6 炉头	6 头炉同时独立点火和独立监控 6 炉头
通过国际认证	通过 CSA/UL 认证	通过 CSA/ETL 认证	通过 CSA/UL 认证

2. 客户满意度远高于行业水平

公司推行质量成本管理及全面质量管理机制，倡导“预防为主”的质量管理文化。通过推进“精益品质工程建设”和积极开展精益生产活动，深入打造“全员、全过程质量管控系统”并持续开展质量改进活动，有效地提升了产品质量和客户满意度。2017—2019 年，相关主要产品质量水平呈快速提升状态。其中：产品上线合格率逐年上升，三年内呈直线提升状态；装配检验合格率逐年上升，三年内取得了提升约 4%

的好成绩；出货成品合格率为 100%。公司客户满意度远高于行业水平。调查结果显示，公司产品设计水平满意度、产品质量满意度、交货期满意度、价格满意度、服务质量满意度等五个维度均优于同行竞争对手和标杆企业，是行业内顾客满意度较高的品牌。

三、创新

（一）技术创新

1. 构建独具特色的创新模式

公司确定了研发战略、技术路线和所需的技术资源，为保障持续创新，制定了《合理化建议奖励办法》《产品研发与科技项目责任管理制度》《科技成果激励制度》等激励措施。

公司与广东省硕士专家工作站、东莞市博士后创新实践基地“联姻”，目前拥有科技人员 57 人，占职工总数的 12%，形成强大的创新人才团队。公司围绕“生产一代、研发一代、预研一代”的创新模型，逐渐形成了以自主研发为核心，以国际合作、产学研合作、跨企业合作为补充的立体创新平台，有效运用了国际、国内创新资源。

2. 取得多项技术专利并参与标准制定

通过不断的技术知识积累，公司目前拥有国家授权有效专利 200 多件，其中发明专利 4 件。公司获得了国家知识产权优势企业、第四届广东专利奖（优秀奖）、第十九届中国专利优秀奖、广东省知识产权优势企业、广东省知识产权示范企业等荣誉。公司是国内首家参与标准编制和改善推进的烤箱类厨电出口企业。公司的研发成果得到了政府及相关方的认可，近年来共获得 2 项国家科技进步奖，4 项省部、市等科技奖，以及 5 项名牌产品、高新技术产品等荣誉。

3. 产品科技含量和附加值高

公司专注于高端厨房电器领域，以独立式一体烤箱产品为核心，向上下游延伸，成为全国唯一一家具备出口北美高端市场水准的厨电供应商，并带动了核心配件的供应商产业链发展。公司产品包括全燃气 / 全电 / 气电混合的烤箱、燃气灶、电灶，产品技术水平优于竞争对手，与标杆对比部分已超越，在高端市场上可以与惠而浦、GE、三星等同台竞争。

经过多年的创新积累，公司形成了很多高科技含量的产品技术，典型技术主要包括：

（1）脉冲离子感应点火安全系统；

（2）燃气安全控制保护系统；

（3）耐高温表面喷涂技术；

（4）电控温度精准控制系统；

（5）电控高温自清洁烤箱产品技术；

（6）耐高温 / 抗腐蚀一体内胆搪瓷技术。

（二）质量创新

1. 积极开展行业质量难题攻关，推动行业进步

公司每年由品质管理部组织各部门整理出当年所出现的行业共性质量难题，进行汇总分析，将发生频次较多且行业内无明确有效改进方案

的问题列入重点质量攻关计划，由品质管理部报公司品质管理委员会召开研讨会议，确定质量攻关计划是否实施。如果确定要实施质量攻关计划，则由品质管理委员会指定合适的技术人员担任项目组长，由技术、质量部门共同选出合适人员组成项目团队进行质量攻关。项目组长按照QC小组的活动开展方式，组织项目组开展质量攻关活动，质量攻关结束，问题得到解决后，由品质管理部组织相关的技术、质量负责人组成验收团队进行验收。对于问题解决得成功的，按照《QC小组活动组织实施管理办法》中的规定，进行相应的奖励。

2. 主动采用质量管理新方法、新技术或新工具

质量管理过程全面信息化：质量管理在与信息化软件（ERP、OA）的有效融合中实现不断创新。公司结合质量管理模式和网络信息化平台进行高效管理，搭建质量管理信息化系统。同时，积极引进国内外先进自动化生产设备和智能检测设备，实现了在线质量检测控制，实现了数据自动采集并传入生产控制系统，降低了产品在流通环节的质量损失，减少了出错风险，在提升产品质量的同时提高了生产、检验效率。

公司应用多种统计技术和方法，如FMEA潜在失效模式与效应分析法、SWOT分析法、PEST分析法、QC小组分析法、标杆对比法、头脑风暴法、人员素质模型分析法、5W2H法、重要－紧急分析法、逻辑树法、波士顿矩阵等，对各类数据信息和知识进行分析，以支持质量改进和创新。

3. 群众性质量活动种类多，开展广泛而深入，成效显著

公司制定了各项品质宣传图标，通过在各种大型活动场合宣导、在

车间内张贴等方式，引导员工人人背诵，通过背诵质量宣言，将精品质量理念及产品质量是企业生命的质量理念深深扎入员工的脑中、心中，不断地提升全员质量认知，引导员工重视质量，树立对质量的敬畏之心。公司制定了《QC 小组活动组织实施管理办法》并组织实施。每年由品质管理部负责组织各单位开展 QC 小组活动，包括确定关键质量攻关项目、牵引小组构建注册、推动小组项目实施、监督实施进度、组织成果验收、组织优秀 QC 小组年度评比、组织优秀成果推广等。通过开展一系列 QC 小组活动，极大地激发了员工开展质量工作的积极性和创造性，提升了公司的现场管理水平、产品质量水平、流程效率，实现了成本节约。公司长期坚持开展“六项群众性质量提升活动”，以促进产品质量提升。公司制定了《改善提案制度控制程序》并组织实施，确定了专门的“合理化建议评审委员会”，按照规定的流程对合理化建议提案进行预评估，对实施效果进行实地验证、确认。每季度公布奖励方案，并及时兑现奖励，极大地增强了员工创新的积极性，也提升了产品质量、劳动效率，实现了成本节约。

（三）管理创新

通过精益品质工程建设，强化战略导向、文化推动，落实质量教育、质量检查、质量知识管理、质量责任制，注重过程质量精细化管控，提升企业人员的整体质量意识和产品质量水平。

公司从 2016 年引进并大力推行卓越绩效管理模式，经过长期的管理实践，摸索和总结出了颇具特色的“动态多维的立体核心能力航母平台战斗群”质量管理模式，推行“一把手”质量管理制度和质量主体

责任管理机制。基于核心竞争力和战略发展规划，结合经营哲学、治理机制平台、卓越绩效管理模式和赋能体系，公司打造了以动态的组织绩效管理机制为牵引的落地系统，重点打造"四个一"质量追溯管理，以专注精神和专业水准提供业界一流的产品与服务。通过实施该模式，并结合组织绩效、质量责任、主体责任追溯管理和激励体系，公司有效落实质量责任制，不断提升员工的质量责任意识和产品质量水平。

（四）创新价值

公司注重技术创新和持续发展，每年新产品销售额都超过10%，核心技术能力建设为公司乃至社会创造了巨大的经济及社会效益。具体表现如下。

（1）作为中国第一家通过北美CSA大烤箱认证的企业，公司高质量的产品及严格的检验测试为公司开辟了RV房车新烤箱销售渠道，2019年取得北美前三大连锁商超之一Best Buy的千万美元合作协议。

（2）最新的离子感应点火保护系统助力公司成功进入北美高端厨电领域。

（3）最新的镀钛黑钢工艺使公司快速进入全球最流行的厨电领域。

（4）嵌套式包装设计结构实现了包装运输成本的大幅降低，促使公司成为北美前三大连锁商超之一Home Depot高端车库产品的独家供应商。2019年，公司从3000家供应商中脱颖而出，荣获"Home Depot最佳设计奖"并成功地打造出全网销量第一的爆品。

四、品牌

（一）品牌建设

公司聚焦商超、经销商、工程项目三大战略方向，按照客户性质的不同进行差异化的品牌管理。公司实行聚焦行业、扎根区域的直销与分销策略，已成立洛杉矶公司、加拿大公司、香港公司、深圳公司、东莞生产基地等多个分公司，为全球客户提供服务支持，实施聚焦战略客户的精准品牌管理模式。

公司以客户为中心，聚焦室内烤箱、一体炉灶、智能厨电、车库工具柜、户外烤炉等领域，是行业领先的厨电生产商。公司持之以恒地承担“绿色智造，幸福生活”的品牌使命，始终秉持“品质是公司的根本”的品牌主张，“聚焦行业、面向客户”进行精准品牌管理，形成了“高质、高端”的品牌形象，“责任、创新、拼搏、共赢”的品牌个性深入人心，达到“成为全球领先的智能厨电系统一站式方案提供商”的品牌效应。当该领域的客户需要产品和服务的时候，第一时间就会联想到ThorKitchen。ThorKitchen 品牌战略规划如图 8-2 所示。

公司建立了完善的体系化品牌管理架构，品牌建设贯穿于公共关系、企划管理、市场营销、技术等各个环节。从长远战略规划出发，公司一直积极、合理、适当地持续开展品牌建设的投入，在品牌管理、VI 体系、预算、认证、推广、宣传、保护方面全方位开展工作，推动品牌建设。针对不同的受众，公司采取了多元化的品牌推广手段，向社会公

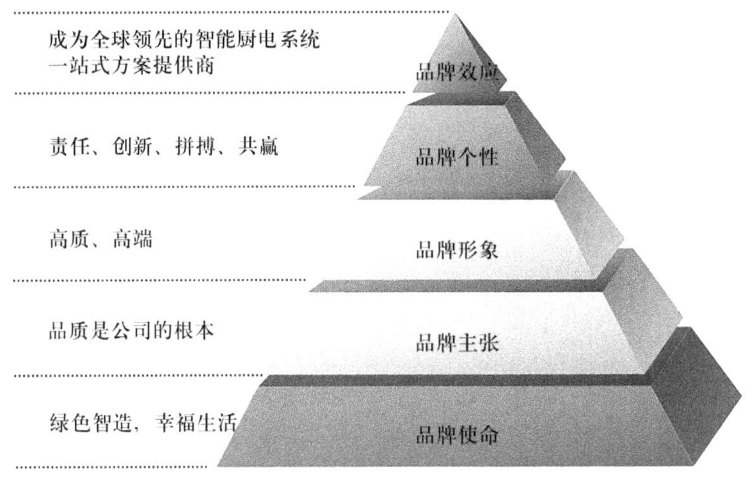

图 8-2 ThorKitchen 品牌战略规划

众、客户、供应链相关方、行业、媒体进行差异化的品牌推广。通过设立专项预算，公司在品牌宣传和推广方面采取了"多样化、多场景"的方式，聚焦行业、面向客户，积极营造和谐满意的相关方关系，促进战略目标的实现。

（二）品牌成果

2015 年，"ThorKitchen"品牌正式注册。公司始终将产品品质和商业信誉视作企业发展的基石，坚持"创造优良，服务社会"的企业宗旨，凭借自身的卓越基因，塑造了行业领先的品牌形象。

通过多年的品牌建设和持续优化，公司主要品牌的国际影响力实现了逐步提升，主要产品在海外北美、欧洲和澳洲等地实现了有效覆盖。近年来，公司获得"全美最具影响力十大品牌之一""北美户外厨房最佳设计奖""2019 年度创新奖"等品牌荣誉，成为北美前三大连锁商超之一 Home Depot 高端车库产品的独家供应商。

五、效益

（一）经济效益

公司确立了战略目标和经营管理计划，坚持以顾客为中心的市场导向，坚持加强公司治理、技术研发、组织绩效管理和质量系统能力建设，取得了良好的经济效益。

1. 主要财务绩效指标良好

得益于清晰可靠的战略发展路径和多年来坚持的精益求精的经营质量管理理念，公司成为多家世界一流销售商的重要战略合作伙伴及 AAA 级客户，市场和主要财务绩效指标表现良好且呈稳定上升趋势，具体如下：

（1）营业收入稳步增长，流动资产质量优良，变现能力高，偿债能力较强；

（2）负债水平与经营规模匹配且居同行之下，经营风险可控；

（3）经营活动现金回笼能力与利润获取能力同步成长，盈利质量优秀；

（4）公司顺利取得了细分市场隐形冠军的市场地位。

根据公司的中长期发展战略目标和增速预期，未来将创造更大的经济效益。目前公司主要面向海外中高端产品市场，自 2020 年后开始积极开拓国内业务市场，国内市场指标表现预计将会逐渐大幅优于竞争

对手。

2. 依法纳税，为经济发展做贡献

公司坚持依法纳税、纳税光荣的理念，被认定为税务信用优秀的A级纳税人和洪梅镇纳税大户，实现年纳税额500万元左右，在洪梅镇纳税总额排名中位居前五。

公司自成立以来，立足东莞，主动承担国内经济建设的任务，以自身力量拉动国内上下游企业共同进步与发展，采购生产材料时尽量选择国内生产企业的产品，通过国产替换，进口材料占比由成立之初的60%降为不到2%，并大力推进国产材料的整合。同时，公司在产能升级征途中，逐步建成烤箱事业部、工具柜事业部、整体厨柜事业部三大事业部，基建类项目按工程所在地开票及纳税，公司固定资产投资建设被列为东莞市十大重点项目之一，对本地税收做出了较大的贡献，总建设金额5000万元，产生税收500万元。未来，按照公司战略发展规划的部署，投资并购及研发与技改将赋能于效益，推动公司可持续的高质量发展。

公司发挥在智能厨电领域的领先优势，规划在东莞市建设200亩产业园，目前已经完成一期厂房验收工作。公司将其定位为高端价值园区，打造十亿级别的厨电产业聚集区，推动建设高端制造中心及核心产品研发基地。

（二）社会效益

公司自创立以来始终坚决拥护党的领导，坚守"产业报国"的理想，践行"绿色智造，幸福生活"的使命担当，始终坚持"责任、创新、拼搏、共赢”的核心价值观和自主技术创新的路线，引领提升行业智能制造水平和解决行业发展难题，积极履行企业公民的社会义务。

1. 推动行业进步

公司围绕技术领先的创新驱动战略和国家高端装备制造产业政策，以技术为先导，以产品为核心，发挥专业的技术研发团队的人才优势，近年来共研发新产品20多个系列，共200多款，累计成功申请国家发明专利、外观设计专利和实用新型专利共200多项，专利转化率达到90%。公司被评为省级企业技术中心，测试中心通过了北美CSA认证、UL认证等。公司组建的实验室是中国第一家测试厨电整机产品得到CSA认可的实验室。

2. 针对重大民生问题积极建言献策

公司董事长杨敬辉先生在担任政协第十三届东莞市委员会委员期间，积极尽责地参加政协会议和各项调研活动，反映社情民意。尤其在关系国计民生的绿色智造和可持续发展方面建言献策，致力于创造优质的生态环境，推动行业可持续发展。公司董事长在政协代表会议上提倡绿色出行的环保理念，被纳入东莞市政府工作报告，另有《关于推进我市生活垃圾分类处理工作》《关于控制砂石高价运行的建议》提案得到政府的高度重视和社会的密切关注。

3. 积极承担社会公益责任

公司总经理担任了东莞市洪梅镇工商联副主席、东莞市洪梅个体私营企业协会会长、东莞市洪梅统计协会会长、东莞市水乡电商协会会长、东莞市工商联常委、世界莞商联合会创新与绿色发展工作委员会委员等，以个人身份并通过公司等渠道充分履行社会责任和做出贡献。公

司发挥龙头企业的带头作用，整合各方资源，制定团体标准并为多方搭建服务平台，积极带动上下游企业诚信合作和协同发展。

2020年，公司作为牵头人成立了第一个水乡片区协会——水乡片区电商协会，有效地促进了社区服务，整合了当地资源，带活了本地经济。公司将各项公益活动纳入规范化运营管理体系，每年除捐资捐物外，还成立了常态化的管理机制及帮扶救助基金，以支持教育、养老、慈善等事业发展，促进和谐社会建设。作为发展中的民营企业，公司主动履行社会公民责任，在大灾大难面前第一时间响应国家"一方有难，八方支援"的号召，积极承担义务，为周边社区做出了力所能及的贡献。

9

金洲纸业："以市场为导向、质量为基石的全员改进"质量管理模式

一、组织概述及质量管理实践模式总结

东莞金洲纸业有限公司（以下简称公司）创建于2002年，坐落在东莞市最北端的中堂镇潢涌村第一工业区，是一家以废纸为主要原料的包装纸生产企业。2019年4月，为加强公司综合实力，东莞金洲纸业有限公司吸收合并始建于1987年的东莞市潢涌银洲纸业有限公司。完成合并后，公司共有6条造纸生产线，年产能超百万吨。公司主打产品"金洲芯"高强瓦楞原纸以高抗水、抗回潮、环压强度高的质量享誉全国，而自主研发的"优质牛卡纸"也以耐折度高、耐破强度高的特性深得广大客户认可，与"金洲芯"双双成为国内同行产品中的佼佼者。

公司始终坚持"发展生态环保纸业，创建幸福和谐家园"的企业使命，高度重视环境保护和发展清洁生产，兴建了大型废水处理站和烟气

处理系统，对生产过程中的废水、废气、废渣进行资源化、减容化和无害化处理，废水、废气全部达标排放，固废基本实现再利用，实现了变废为宝的循环经济发展模式。同时，通过持续的技术改造与工艺创新等节能降耗措施，努力为社会贡献绿色优质纸品。公司成立以来荣获"广东省环境保护优秀示范工程""广东省清洁生产企业""广东省环保慈善单位""东莞市环境友好企业""国家绿色工厂""高新技术企业"等称号。

公司经过多年的质量管理实践，构建了"以市场为导向、质量为基石的全员改进"质量管理模式，如图 9-1 所示。该质量管理模式有效地支撑了公司的发展和壮大。目前，公司年产能达 160 万吨，珠三角市场占有率近 30%，公司主打产品"金洲芯"高强瓦楞原纸质量享誉全国，市场占有率超过 60%，成为国内同行产品中的佼佼者。2019 年，公司营业收入 69.78 亿元，上缴利税 10.63 亿元，提供就业岗位 2600 多个。

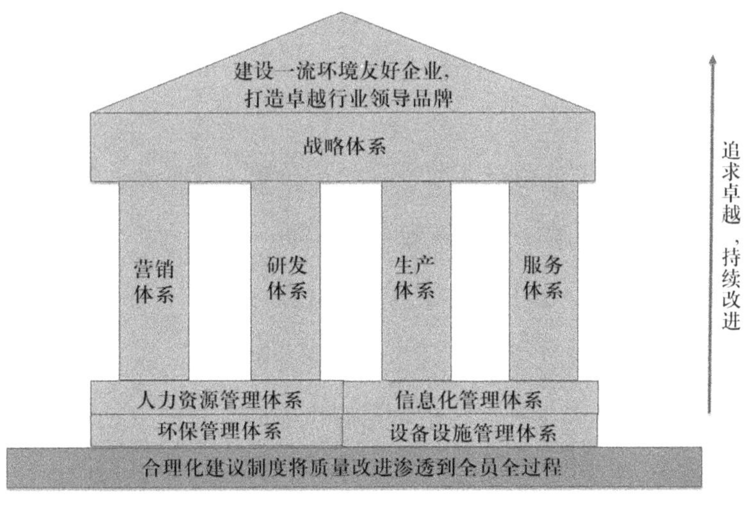

图 9-1　"以市场为导向、质量为基石的全员改进"质量管理模式示意图

二、质量

（一）质量发展

1. 积极实施质量战略

公司以质量求发展，早在2000年初就开始建立规范有效的运行机制和高效科学的管理体系，先后通过了ISO 9001质量管理体系、ISO 14001环境管理体系、OHSAS 18001职业健康安全管理体系认证，并整合成为QES管理体系，同时通过了FSC-COC（FSC-C118989）认证、海关AEO高级认证、安全生产标准化认证等一系列管理认证，建立健全了质量标准化运行机制。

公司制定发布了《QES管理手册》以及相关的程序文件、作业指导书等一系列质量管理文件，在长期的质量管理理论学习及实践探索中，及时总结经验，持续优化、改进及修订，逐渐形成了完善的全面质量管理体系和质量发展战略。

管理手册明确了公司最高管理者是质量第一责任人，制定了明确的质量、环境、职业健康安全的管理方针，即：

- 以人为贵，守法防治，做高效协作团队；
- 以客为尊，精耕细作，创百年美誉品牌；
- 以德为荣，善用资源，建和谐绿色家园。

2. 营造质量文化氛围

在质量文化氛围的营造上，公司通过公告栏、标识、板报、宣传手

册、网站等多种方式进行质量文化宣传。同时，公司建立了多维的、立体化的质量激励机制，支持质量活动开展和质量目标达成，如颁发优秀员工奖、合理化建议奖等。公司每年组织开展技术改造活动，营造了浓厚的质量文化氛围。公司建立了涵盖使命、愿景、核心价值观、经营理念、管理方针的特色鲜明、独树一帜的企业文化体系，始终秉承"德本务实，开拓创新，合作共赢"的核心价值观，以"人、企业、社会和谐发展"为经营理念，制定了完善的员工行为准则和管理制度，以研发、生产、服务等过程质量为抓手，力求保证产品质量，超越客户需求，提升客户满意度和忠诚度。

3. 成立质量管理机构，保障质量管理体系运行

公司构建了质量管理体系，设立了"管理者代表"，具有独立的质量部门（质检部），明确了部长、副部长、班长、副班长、检验员、化验员、巡查员、机动员、客诉员等各岗位的职责，为公司各环节的产品质量控制提供了保障。同时，公司行政部设有体系工程师岗位，体系工程师通过整合三合一体系审核员，定期组织内部审核，确保质量管理体系的持续有效运行。

4. 积极开展质量教育，建设质量人才队伍

公司拥有一支精干务实、战斗力强的质量人才队伍，目前质量部门在岗员工 124 人（其中一公司 72 人），其中质量部黎润清部长是经培训合格的企业首席质量官，其他人员多数为质量管理技术人员和质量检验人员。同时，公司拥有东莞市政府认可的卓越绩效管理自评师 3 人，质量管理体系内审员达到 151 人。一大批质量人才保障了公司质量管理体系的稳定高效运行，为产品和服务质量提供了坚实保障。

公司建立了与员工职业发展通道相匹配的多种类、多层次的员工培训体系和规范化的培养流程，并将员工培训与员工晋升相结合。公司开展了新员工入职引导培训、专业技术类员工岗前培训、导师辅导、岗位轮换、自学、学位培养、通用技能与管理类培训等多种形式的内外部培训，以支持员工。公司定期在采集员工需求的基础上，制订年度培训计划并有序实施；同时鼓励员工的技能提升和学历提升，设立专项资金对员工技能提升、学历提升提供经费补贴和资助，确保公司整体员工素质和技能的持续提升。

（二）质量安全

1. 建立全面的质量责任体系

公司针对产品实现的全过程，积极推行质量管理体系，建立了从最高领导到公司所有职能部门的明晰的质量责任体系，努力在产品设计、生产、营销、服务等各个环节构建质量保证。

2. 实施质量诚信管理

公司在官网公开发布企业文化，对员工行为规范做出规定，致力于推行公司德本务实的核心文化，培养员工的诚信作风。在高层领导的高度重视下，公司通过文化引导、制度保障、赏罚激励等方式来营造诚信的企业文化氛围，在企业外部树立了良好的商业信用和道德形象，获得了顾客、供应商以及质监、工商、税务等政府部门的广泛好评。公司自2012年到2019年连续八年被认定为“广东省守合同重信用企业”，获得“中国企业信用评价AAA级信用企业”称号。

3. 重视质量安全风险管理

公司建立了全面质量安全风险管理体系，融入研发、采购、生产、营销和服务等各业务的工作流程中，确保质量安全风险得到有效防控。全面质量安全风险管理体系包括风险识别、风险评价、风险控制、风险沟通、风险审核与回顾等过程。

（三）质量水平

1. 产品关键质量指标表现良好

公司主要产品的质量技术水平国际领先，并获得了一系列肯定和荣誉。

公司主要产品关键质量指标行业和国际对标结果如表 9-1 所示。

表 9-1　公司主要产品关键质量指标行业和国际对标结果

主要产品	关键质量指标	品种 规格 g/m^2	本企业水平	同行业水平	国际先进水平
高强瓦楞原纸	环压指数 N.m/g ≥	G100	6.5	6.5	7.5
		G110	7.0	7.0	8.5
		G120	7.8	8.0	8.5
		G140	8.5	8.5	10.0
		G150	9.0	9.0	10.0
		G160	9.5	9.5	10.0
		G180	9.5	9.5	11.5
	裂断长 KM ≥		4.0	4.5	5.0

续表

主要产品	关键质量指标	品种 规格 g/m²	本企业水平	同行业水平	国际先进水平
优质牛皮箱纸板	耐破指数 KPa.m²/g ≥	H126	4.00	4.00	3.40
		H160	3.90	3.80	3.30
		H190	3.92	3.80	3.30
		H200	3.80	3.80	3.20
		H230	3.80	3.80	3.20
	耐折度 次≥		60	100	60
挂面牛皮箱纸板	耐破指数 KPa.m²/g ≥	Q130~Q160	2.4	2.6	—
		Q170	2.3	2.6	—
		Q180~Q230	2.3	2.4	—
	耐折度 次≥		30	30	—

公司主要产品关键质量指标与竞争对手和标杆对标结果如表 9–2 所示。

表 9–2 公司主要产品关键质量指标与竞争对手和标杆对标结果

主要产品	关键质量指标	品种	本企业水平	标杆水平	竞争对手水平
		规格 g/m²		玖龙纸业	理文纸业
高强瓦楞原纸	环压指数 N.m/g ≥	G100	6.5	6.5	7.0
		G120	7.8	8.0	8.5
		G140	8.5	8.5	9.5

续表

主要产品	关键质量指标	品种 规格 g/m²	本企业水平	标杆水平 玖龙纸业	竞争对手水平 理文纸业
牛皮箱纸板	耐破指数 KPa.m²/g ≥	H126	4.00	4.00	4.00
		H160	3.90	3.80	3.80
		H200	3.80	3.80	3.80

由此可见，公司两类主打产品的不同品种系列的关键质量指标绝大多数达到或优于标杆水平。

2. 顾客满意度持续提升

公司具有成熟的顾客满意度管理和调查机制，客诉人员每半年组织一次全面的顾客满意度调查。结果显示，公司的整体顾客满意度处于 90 分以上的优秀水平，且逐年提升。2019 年顾客重复购买率保持在 60% 以上，推荐购买率保持在 30% 以上。另外，公司通过投诉分析、重点客户分析等方式全面真实地收集信息并确定顾客的满意和不满意情况，为后续持续优化公司产品和服务质量打下基础。

三、创新

（一）技术创新

公司一直将创新作为基本的价值取向之一，贯彻于公司核心价值链的各个业务环节。公司制定了明确的技术创新战略，引领公司的未来发展，保障公司的总体战略得以实现。公司每年将不低于营业收入3%的经费作为研发资金，年研发投入超过1.8亿元。同时，公司每年都要与世界上最先进的制浆造纸设备厂家、造纸化学品厂家进行技术交流，吸收世界上最先进的造纸技术，支持公司技术研发和技术创新。目前，公司拥有东莞市认证的企业技术中心，拥有2项高新技术产品，并于2019年获得“高新技术企业”认定。

公司积极开发、引进和采用新技术，技术成果斐然。公司拥有一批具备自主知识产权的核心技术，这些技术在国内外保持着技术优势，为公司在造纸行业的可持续发展提供了良好的技术支撑。公司国际领先的核心技术（部分）如表9–3所示。

表9–3 公司国际领先的核心技术（部分）

主要技术	概述	主要作用	使用时间	所处的水平
烘缸剥离剂技术	通过与武汉鑫宏机械厂联合，研发设计了纸机烘缸剥离剂喷雾装置	净化烘缸表面，减少胶粘物、纸毛粘缸，从而减少断纸，提高生产效率	2005年	国内首创
玉米淀粉复合变性施胶技术	自主研发，运用硬脂酸对玉米淀粉进行酯化氧化双变性，然后用于表面施胶	提高纸张的防潮性能	2008年	国内首创
施胶胶料净化技术	引进技术，使用自动清洗式压力筛	去除施胶胶料中的杂质	2012年	国内先进
底层摇振技术	在纸机底层胸辊增加摇振装置	提高底层匀度，提高产品质量	2015年	国际先进

续表

主要技术	概述	主要作用	使用时间	所处的水平
超清白水过滤技术	引进技术，使用凯登约翰逊型重力过滤器、双排多桶内部自动反清洗过滤器双重过滤超清白水后用于高压喷淋	过滤超清白水，降低水耗	2017 年	国际先进
透平真空泵技术	引进技术，与兰泰克公司合作，用透平真空泵取代原水环真空泵	节约用电	2018 年	国际先进
靴式压榨技术	引进技术，与福伊特公司合作，用靴式压榨取代大辊压榨	节约蒸汽，提高产能	2018 年	国际先进
浅层汽浮技术	引进技术，用浅层气浮装置处理白水	降低水耗，净化系统	2019 年	国际先进
半化学机械竹浆用于生产牛卡纸技术	自主研发，使用半化学机械竹浆代替木浆生产优质牛卡纸	降低成本，提高牛卡纸亮度	2020 年	国内首创

近年来，公司积极组织科研活动，解决新技术、新工艺等方面的关键问题，形成技术诀窍和知识产权，先后获得实用新型专利 48 项。同时，积极参与国家标准的修订工作。公司副总经理苏朝锐连任全国造纸工业标准化技术委员会 TC141 组 SC3 专家组委员。公司多年来参与了《纸、纸板和纸浆 纤维组成的分析》《纸、透明度的测定 漫反射法》《纸 耐破度的测定》《纸浆 二氯甲烷抽出物的测定》《印刷、书写和绘

图用原纸尺寸》《裁切后办公用纸 边缘质量的测定》等一系列标准的制定和修订工作。

公司为国家高新技术企业，通过持续的技术创新，突破了多项共性技术难题，多次获得创新奖项及有关荣誉（见表 9–4）。

表 9–4 公司近年来获得的主要创新荣誉

产品及服务荣誉	颁发单位	获得时间
瓦楞原纸获得采用国际标准产品标志证书	广东省质量技术监督局 中国国家标准化管理委员会	2006 年 12 月
消费者最信赖质量放心品牌	中国质量领先企业专家评审委员会	2007 年 6 月
消费者最信赖十大造纸业质量品牌	中国质量领先企业专家评审委员会	2007 年 6 月
广东省名优产品（“高强瓦楞原纸”系列产品）	中国质量品牌测评中心 中国社会调查所广东分所	2007 年 10 月
广东省著名商标	广东省工商行政管理局	2008 年 12 月
广东省名牌产品（金洲牌牛皮挂面箱纸板）	广东省名牌产品推进委员会	2015 年 12 月
广东省名牌产品（建州牌瓦楞纸）	广东省名牌产品推进委员会	2017 年 12 月
广东省高新技术产品（高抗水、抗回潮高强瓦楞芯纸）	广东省高新技术企业协会	2019 年 12 月
广东省高新技术产品（高亮度挂面箱纸板）		

与国内外同行相比，公司主导产品的主要技术指标如环压指数、耐

破指数等均达到领先水平。

（二）质量创新

公司始终以创新战略、创新机制为抓手，鼓励全员持续进行质量创新，取得了丰硕的成果。

1. 灵活运用多种质量工具

公司应用多种统计技术和方法，如鱼骨图、跟踪表、饼状图、雷达图等，对各类数据信息和知识进行分析，支持各分厂/部门在日常管理、技术质量、营销服务、财务统计等方面进行绩效记录，为改进和创新提供有效支持。公司统计技术应用情况如表9-5所示。

表9-5 公司统计技术应用一览表

统计技术	应用对象	应用过程	资料来源	应用效果
流程图	产品开发过程中的工艺流程、采购过程等	开发、生产、营销等	理论与设计经验	优化工艺流程，提高开发成功率
因果分析法	缺陷分析、质量统计	生产过程	检验资料	控制过程，提高产品质量
直方图	财务类分析、顾客与市场分析、内部营运分析、学习与发展分析	所有过程	统计报表、ERP系统、调查表	分析变化趋势，寻找主要问题并改进
趋势图	财务类分析、顾客与市场分析、内部营运分析、学习与发展分析	所有过程	统计报表、ERP系统、调查表	分析变化趋势，寻找主要问题并改进

续表

统计技术	应用对象	应用过程	资料来源	应用效果
统计分析表	财务类分析、顾客与市场分析、内部营运分析、学习与发展分析	所有过程	统计报表、ERP 系统、调查表	分析变化趋势，寻找主要问题并改进

2. 蓬勃开展各项质量活动

公司每年组织开展合理化建议、6S 管理等质量小组活动，各项目团队充分利用 PDCA 的方式，运用检查表、柏拉图、特性要因图（鱼骨图）、直方图、散布图等 QCC 手法开展改善活动。其中，开展合理化建议活动是发挥员工积极性、创造性和主人翁作用的有效方式，公司全体员工结合自身的工作采用 PDCA 手法，运用五大质量工具对公司内的各项技术改善、质量提升、成本节约活动及生产工作方法等提出改善提案。2017—2019 年，公司全体员工共提出合理化建议 415 条，被采纳的有效建议达 372 条，有效地提升了生产运营、产品、服务等质量，并为公司节约了资金，创造了利润。

（三）管理创新

公司经过多年的质量管理实践，构建了独特的质量管理模式。公司在各管理领域持续创新，取得了丰硕成果。因其卓越的管理与运营绩效，公司获得“广东省环境保护优秀示范工程”“广东省清洁生产企业”“广东省环保慈善单位”“东莞市环境友好企业”“国家绿色工厂”“东莞市企业技术中心”“高新技术企业”等一系列肯定和荣誉。

公司管理创新的主要举措如表 9–6 所示。

表 9-6　公司管理创新的主要举措

管理创新的主要举措	
	● 关注技术进步，随时保持对先进技术的敏感性，及时分析、引进适用的先进技术，投资设立技术中心，建设检测实验室，为公司的可持续发展奠定基础
	● 积极引进现代管理制度和管理经验，通过一系列国际认可的管理体系认证 ● 组织到标杆企业考察（如德国巴斯夫公司），学习先进管理经验 ● 大力投入，开展绩效管理提升培训等
	● 发布《关于鼓励发明创造、科研创新的奖励办法》，重奖发明创造和科研创新 ● 长期推行合理化建议管理制度，大力推动技术改造和设备设施改造 ● 设立新产品开发、节能降耗、提质增产等多方面的奖励金，鼓励各部门各层次的人员参与公司的管理改进

（四）创新价值

公司在持续创新的引领下，已经从村办企业逐步发展蜕变为一家年产能 160 万吨、年产值超过 60 亿元的现代化信息化企业，在珠三角乃至国内同行业中都占据了举足轻重的地位。公司创新成果丰硕，技术水平领先，推动了造纸产业的技术进步。公司高抗水、抗回潮高强瓦楞芯纸，高亮度挂面箱纸板等 2 个产品获得高新技术产品认定。公司的创新成果助力公司市场占有率逐年提升，销售额和利润总额显著增长。

四、品牌

（一）品牌建设

公司从战略高度加强品牌建设，确定了“以客为尊，精耕细作，创百年美誉品牌”的品牌战略目标，成立了专门的品牌发展部门，负责公司品牌建设与管理。经过多年的努力，公司树立了高质量、高信誉的绿色品牌形象，获得了市场客户的高度认可和信赖。

1. 打造高质量品牌

公司执行严格的质量管理，秉承“质量是企业生存之本，客户满意，就是对我们质量的最好肯定”的质量方针。全体员工对产品质量检测严格把关，不断提升产品质量和客户满意度，树立良好的品牌形象。公司两类主打产品的不同品种系列的关键质量指标绝大多数达到或优于标杆水平。

从服务来看，顾客对公司产品交付和销售服务的满意度均逐年上升，其中2019年产品交付满意度达到92分，销售服务满意度达到95.05分，客户对产品交付和销售服务的评价均处于行业领先水平。公司经过多年努力，已成为众多合作伙伴的战略核心客户，并建立起战略互信，保持长期良好的合作伙伴关系。

2. 塑造高信誉品牌

公司纳税信用、工商信用、银行信用良好，重视产品生产质量和售后服务，未曾出现一起商标侵权案件，也未出现一次不良信贷记录。公司是“中国企业信用评价AAA级信用企业”，同时自2012年到2019年连续八年被评为“广东省守合同重信用企业”。

公司建立了严格的监测系统，主动在公司网站上设立社会责任专栏，定期公开公司的环境管理信息和环境监测数据，有效消除公众隐忧，赢得社区认可。此外，公司加大公益事业投入，履行企业社会责任，积极回报社会，与公众建立了良好的公共关系，树立了正面的公司

形象。

3. 打造绿色品牌典范

公司是国家绿色工厂，始终坚持绿色造纸，不断向顾客传递“使用金洲公司产品即为一种支持环保的行动”的理念，使公司绿色环保的品牌理念深入人心。公司进行了煤改燃气工程，使用清洁能源供热，是绿色造纸的典范。公司自成立以来从未发生环保投诉、环保处罚、赔偿等事件，实现了人、企业、社会的和谐发展。

4. 建立品牌管理体系

公司建立了品牌管理体系，通过多种渠道强势进行品牌宣传和品牌推广，赢得客户认可和信任。一是发布新闻稿件、软文、专访等，向外界宣传金洲纸业；二是通过《金洲报》向目标客户及社会宣传品牌；三是通过公司官方网站、视频、彩页等对品牌进行全面推广和宣传；四是通过各类专业展览会、区域推广活动、论坛演讲等对品牌进行有针对性的推广和宣传。同时，公司注重内外网站、微信公众号等品牌载体的建设，通过网站、微信公众号等及时向客户进行品牌渗透和推广，不断提升金洲纸业的品牌形象，在客户端形成品牌拉力，有效地提升品牌价值和效益。此外，公司建立了完善的品牌维护制度，专设机构对品牌进行维护，并从人、财、物等方面提供支持。

（二）品牌成果

1. 市场占有率有序提升

通过持续的品牌建设与推广，公司产品的全国市场占有率和核心区域市场占有率均有序提升。2017—2019 年公司主导产品市场占有率如表

9–7 所示。

表 9–7 2017—2019 年公司主导产品市场占有率

年份	全国市场占有率	核心区域市场占有率
2017	3.4%	东莞区 26%、广州区 26%
2018	3.7%	东莞区 27%、广州区 22%
2019	3.7%	东莞区 30%、广州区 20%

公司持续提供优质的产品和服务，获得了顾客的认可，顾客满意度和忠诚度均处于高位并保持良好的提升趋势，同时被多家客户单位授予“优秀供应商”称号。

2. 品牌知名度行业领先

金洲纸业品牌的知名度和美誉度均处于行业领先地位。历年来，公司获得消费者信赖的中国质量 500 强、消费者最信赖十大造纸业质量品牌、消费者最信赖质量放心品牌、广东省名牌产品网络人气之星等一系列品牌荣誉。其中，公司的建州牌瓦楞纸、金洲牌牛皮挂面箱纸板均为广东省名牌产品，其中建州牌成为广东省著名商标。

五、效益

（一）经济效益

1. 主要财务绩效指标趋势良好

2017—2019 年，公司主要财务绩效指标表现良好，如表 9–8 所示。

表 9–8　2017—2019 年公司主要财务绩效指标

序号	绩效指标	单位	2017 年	2018 年	2019 年
1	总资产	万元	349114	410973	501774
2	主营业务收入	万元	575227	541094	698887
3	销售额	万元	575227	541094	698887
4	利润总额	万元	116329.48	69426.19	68105.93
5	上缴利税	万元	141538.76	94990.14	98365.88
6	总资产贡献率	%	40.54	23.11	21.20
7	资本保值增值率	%	1.28	1.25	1.21
8	资产负债率	%	15.25	13.65	10.25
9	流动资产周转率	次	3.53	2.15	2.20
10	成本费用利润率	%	20.68	13.04	11.33

2. 纳税总额处于行业领先水平

2017—2019 年公司纳税总额超过 3.3 亿元，处于同行业领先水平（见表 9–9）。

表 9–9　2017—2019 年公司上缴利税情况

项目	单位	2017 年	2018 年	2019 年
上缴利税	万元	141538.76	94990.14	98365.88

（二）社会效益

1. 积极履行公共责任

公司是"广东省环境保护优秀示范工程""广东省清洁生产企业"

“广东省环保慈善单位”“东莞市环境友好企业”“国家绿色工厂”，在公共责任方面的关键绩效指标表现优异，支撑了公司的绿色发展和可持续发展。公司在环保方面获得的肯定和荣誉如表 9–10 所示。

表 9–10 公司在环保方面获得的肯定和荣誉

主要荣誉	颁发单位
“广东环保先进单位”特别贡献奖	广东省环境保护宣传教育中心
国家绿色工厂	中华人民共和国工业和信息化部
东莞市环境友好企业	东莞市环境保护局
造纸废水处理工程广东省环境保护优秀示范工程	广东省环境保护产业协会
广东环保宣传优秀单位	广东省环境保护宣传教育中心
广东省清洁生产企业	广东省经济贸易委员会 广东省科学技术厅 广东省环境保护局

2. 积极参加社会组织

公司在国家级、省级、市级等纸业以及相关行业协会均积极任职（见表 9–11），充分发挥行业引领、区域带动等示范作用。

表 9–11 公司与行业协会的良好关系

组织名称	组织任职
中华全国工商业联合会纸业商会	常务理事单位
中国造纸协会	第五届理事会理事单位
中国再生资源回收利用协会	废纸分会会员单位
广东省造纸行业协会	常务理事单位
广东省造纸学会	理事单位

续表

组织名称	组织任职
广东省环境保护宣传教育中心	广东环保法治论坛会员单位
广东省质量协会	会员单位
广东黄埔报关协会	理事单位、常务理事单位
PAD 东莞市港航协会	会员单位
东莞市港航协会	会员单位
东莞市中堂商会	会员单位
东莞市中堂造纸技术协会	会员单位
东莞市质量协会	会员单位
东莞市高新技术产业协会	第一届理事单位

公司与银行也建立了良好的合作关系，如表 9-12 所示。

表 9-12　公司与银行的良好合作关系

证书	颁发单位	年份
中国农业银行东莞分行 2019 年度战略核心客户	中国农业银行	2020
中国农业银行东莞分行 2018 年度战略核心客户	中国农业银行	2019
招商银行东莞分行 2018 年度国际业务战略伙伴	招商银行东莞分行	2019
中国工商银行 2017 年度卓越客户	中国工商银行东莞分行	2018
中国工商银行 2018 年度国际业务卓越客户	中国工商银行东莞分行	2019

3. 积极参加社会公益活动

公司在稳健发展的同时，围绕企业战略目标，积极履行社会责任，参与地方经济建设和各类公益事业发展，每年都在文化教育、社区管理及环保等方面贡献力量（见表 9–13）。同时，公司也是华南理工大学学生创新实践与就业实习基地、东莞市大职中学生创业实践行动示范基地、东莞市青年就业创业见习基地。

表 9–13 公司积极参加社会公益活动

<table>
<tr><th>支持方向</th><th>公益支持领域</th><th>公益活动内容</th></tr>
<tr><td>行业发展</td><td>造纸领域国家标准制定</td><td>参与一系列国家标准的制定和修订工作；技术副总经理连任全国造纸工业标准化技术委员会 TC141 组 SC3 专家组委员</td></tr>
<tr><td rowspan="4">文化、教育</td><td>支持人文发展</td><td>定期组织人文关怀活动：组织慰问困难家庭儿童，在节日送上文具、玩具等；与村妇联对接，帮扶残障、困难家庭儿童</td></tr>
<tr><td>支持教育事业</td><td>公司是华南理工大学学生创新实践与就业实习基地、东莞市大职中学生创业实践行动示范基地、东莞市青年就业创业见习基地</td></tr>
<tr><td>保护生态资源，科普环保知识</td><td>向潢涌小学捐赠有关环境保护的若干图书</td></tr>
<tr><td>提高公众对造纸工业的认识，提升造纸行业和企业的社会地位</td><td>捐赠 20 万元支持中国造纸协会启动，编制《中国造纸行业社会责任报告》，开展相关公益活动</td></tr>
<tr><td rowspan="4">社区</td><td rowspan="4">构建与周边社区的和谐关系，提高公司形象</td><td>组织员工对社区进行义务清扫；组织员工参加志愿献血活动</td></tr>
<tr><td>协办村拔河比赛、篮球比赛；支持东莞市爱心志愿者协会、东莞市户外徒步运动协会举办第六届志愿者大型公益徒步活动暨东莞户外第三届万众爱心徒步活动</td></tr>
<tr><td>协助村委会对村道进行修复</td></tr>
<tr><td>组织员工在敬老院做义工；为困难儿童送温暖</td></tr>
</table>

续表

支持方向	公益支持领域	公益活动内容
慈善	体现爱心和责任感	捐款10万元支持苏迪曼杯世界羽毛球混合团体锦标赛
		向广东省扶贫基金会捐赠20万元，用于救助省内贫困失学和因病致贫的特困群体
		对鲁甸县民政局定向扶贫捐助10万元
		为成立关爱妇女儿童发展基金募捐19497.9元
		为不幸患白血病的潢涌村村民募捐225768.7元
		帮助39名残疾人就业
		为公司员工陈志光组织爱心捐助活动，捐款总金额为55766元

10

华美食品：持续以创新成长为主要手段的质量管理模式

一、组织概述及质量管理实践模式总结

东莞市华美食品有限公司（以下简称公司或华美）创立于1991年，是涵盖上游供应链及下游销售体系的一体化烘焙企业。上游供应链包括机械设备、包装、塑胶等制造企业以及原料基地，下游包括东莞华美、湖北华美、欧丽沙食品、欧麦咖工房烘焙连锁等企业及终端销售体系。华美是以月饼、饼干、糕点等食品产销为主的烘焙行业龙头企业，拥有东莞、湖北、浙江三个厂区，自动化生产线数十条，占地面积共约30万平方米，月饼日产能超330万个，饼干日产能达120吨，华夫日产30吨，蛋糕日产30吨。公司在成立初期就制定了明确的战略，要做创新成长型企业，走出去，由“坐商”变为“动商”。三十多年来，公司以市场为导向，以创新为动力，不断提升管理水平及产品质量，形成了

具有华美特色的“持续以创新成长为主要手段的质量管理模式”。在公司董事长的带领下，华美由成立之初的小食品加工厂快速发展为全国最大、最有实力的月饼生产厂家之一，成为烘焙行业龙头企业。

东莞市华美食品有限公司外景如图 10-1 所示。

图 10-1　东莞市华美食品有限公司外景图

二、质量

公司始终以生产高品质的食品为己任，具有强烈的质量诚信意识和风险意识，建立了全面质量管理责任体系，对原料供给、生产加工、包装、贮存、物流、终端销售等环节严格把关，收获了良好的市场口碑。

（一）构建科学系统的质量发展体系

1. 制定以质量为基石的关键战略

自成立以来，公司高层领导一直重视和持续推动质量工作，制定了以质量为基石的总体战略：以资本运作为纽带，整合国内外技术、人才、装备资源，以自主研发为原动力，掌握核心技术，打造一流品质，建设质量工厂和智慧工厂，成为“中国烘焙食品定制专家”和国内知名的传统食品制造基地。为满足质量管理要求，成立品质管理部，在行业内率先贯彻 ISO 9001 质量管理体系标准，确保公司质量方针和质量目标得以实现。

2. 建设特色鲜明的企业质量文化体系

华美董事长带领公司高层对企业质量文化体系进行了深入的评估和更新，形成了当前具有鲜明华美特色的企业质量文化体系。“引领食品行业潮流，缔造国际健康品牌”是华美人孜孜不倦的追求。为实现此愿景，公司以“感恩、敬畏、激情、创新”的核心价值观践行质量管理理念，采用先进的食品生产设备、国际一流的生产技术和生产工艺，构建完善的物流体系和流畅的信息化系统，并培养高素质的质量管理人才、营销精英和技术专家。

（二）建立严格标准确保产品质量安全

1. 高标准打造高品质

公司成立了食品安全管理委员会，专门为食品安全保驾护航。采购新原料时，必须确认供应商具有合格资质，并按照企业的相关规定由各

部门审批合格后方实施采购。在新品研发成功后，由食品安全小组进行添加剂种类及用量的二次审核，以及产品理化、微生物等指标的检验，验证符合国家标准后再进行试生产，确保产品在设计环节安全合法。公司制定了《食品安全文化建设计划书》，开展食品安全文化建设，提高员工的食品安全参与意识，全面加强食品安全监管，提高食品安全水平。

2. 无菌车间确保食品生产安全

公司的每一个月饼在生产出来后都会第一时间放入干燥防腐包，生产人员密切观察 7 个工作日确保充分干燥没有任何安全隐患后才可打码上市，生产的月饼在烘烤后都在洁净车间冷却及包装，确保不受污染。包装时会在小包装内放入脱氧剂把里面的氧气吸收，使月饼处在无氧环境内，霉菌无法生长，并且经过严格检查，剔除个别包装漏气的产品后才放进外盒包装出售。非工作人员要想参观月饼生产车间，需要经过登记及健康声明后，才能随工作人员进入参观走廊。员工从员工通道进入生产车间，并且每个工人都需要穿戴好清洁的工作衣帽、工鞋，再经过一系列严格、细致的消毒、杀菌过程，才能进入。车间里，从原材料到生产饼胚，到烘烤冷却，再到检测和包装都是在一条龙生产流水线上，除了刷蛋工序需要人工操作外，其他程序均由自动化设备完成，杜绝了人手加工带来的安全隐患。

3. 监控覆盖整个生产销售链条

公司对食品安全的监控十分严苛，有一套自身的产品标准，比行业更加完善严苛，不合规定的产品坚决不能出厂，一旦出现不合格的产品，立即销毁。华美从原材料到销售的整个链条都有严格的监控。为追本溯源更具针对性地对产品进行质量把控，确保月饼原料的安全，华美在著名产莲地湖北仙桃建立了自己的莲子种植基地，在河南收购了 2 个面粉供应基地，从源头上杜绝影响产品品质的因素，打造一条龙式的全生产加工链。此外，在车间的现场管控、成品出库化验等各个环节设置关键的控制点，对每个控制点的参数和指标进行标准化。公司从采购管理、原料存储、产品生产、仓储物流到商品销售实现了闭环质量管理，并结合成本、国家标准的要求进行产品的规划、研发、包装设计，以确保产品顺利生产和销售。

4. 对品牌侵权行为零容忍，保障顾客舌尖上的安全

公司除确保出品质量安全之外，还认真落实食品安全有奖举报制度，畅通投诉举报渠道，及时有效地切断问题产品的继续流通，最大限度保障消费者舌尖上的安全。对于市场上出现的侵权行为，公司每年都在不断探索维权模式，成功推行“公司 + 打假公司 + 媒体 + 职能部门”多位一体的维权联动合作模式，促进了维权工作的高效开展，有效震慑了违法分子。

（三）主导产品质量竞争力达到国内外一流水平

1. 质量竞争力不断增强

由于出色的质量管控水平，公司获得了国内多项标准认证及国际 BIC 高标准认证。公司主导产品的关键质量指标达到国际先进水平，市场占有率稳步提升。除了月饼之外，公司生产的华夫软饼市场占有量位居全国第一，脆蛋糕、曲奇饼干深受消费者喜爱，牧林蛋糕、粗粮饼干的市场反响也是不俗。公司已经成为一家以月饼、饼干、糕点、混

合坚果等食品产销为主的烘焙龙头企业，荣获多项国家级、省级和市级荣誉，如“2016年广东省食品行业优秀企业”“2016中国烘焙最具影响力十大品牌”“2016中国月饼文化节金牌月饼”“2017中国月饼金奖”“2018年度广东省食品行业优秀新产品三等奖”“2018中国烘焙最具影响力十大品牌”“广东消费者信赖十大品牌金箸奖”“中国改革开放40周年焙烤食品糖制品产业领军企业”等。

2. 顾客满意度和忠诚度稳步上升

2017—2019年，华美通过信息化管理实现从中央工厂到前端门店，并涵盖行政、采购等中台部门的一体化协作，让门店在精细化、规范化的管理中发挥更大的价值，进一步提升客户的满意度。公司通过连续定期的消费者满意度调查和评估，发现产品及服务存在的问题与不足，并采取相应的改善措施，让消费者满意，实现顾客满意度和忠诚度逐年上升。

三、创新

（一）注重自主创新，提升产品生产能力

1. 打造智慧型食品企业

公司董事长袁旭培提出了“新思维、新模式、促增长——华美食品打造智慧型食品企业”的发展战略，建立了先进、高效的技术创新体系，应对传统制造业市场低迷、人口红利消失、成本上升的问题，进行转型道路探索，打造智慧型食品企业。公司融合“工业4.0”的发展理

念，即用互联网加速企业各环节的改革创新，加快机器换人步伐，提高自动化程度，逐步建立一个高度灵活的、个性化和数字化的产品与服务生产模式。公司在国内大部分同行企业仍依靠人工生产的时期，通过刻苦钻研和交流学习，完成了月饼自动化设备改造工作，实现了从传统食品生产向现代化制造的转型升级，成为行业的第一品牌。此后，公司不断投入先进生产设备，目前拥有的自动化生产线已达数十条，生产能力已达到全国领先水平，月饼日产能突破 330 万个，总产量一度跃居全国第一。

2. 提倡自主创新和自主研发

公司勇于进行风险投资，鼓励科技人员大胆创新，并从管理机制方面给予充分的支持，从而使公司的研发能力和产品生产水平处于行业领先地位。公司根据自身发展战略，结合市场发展情况，提倡自主创新、自主研发，不断研究开发新的产品和技术，目前已有 20 多年的技术资源积淀，已形成一支技术力量雄厚的研发队伍和一套核心技术研发体系，获批“广东省企业技术中心”“广东省烘焙食品工程技术研究中心”“东莞市企业技术中心”，成为广东省焙烤食品产业技术创新联盟会员企业，2018 年被评为国家高新技术企业。截至 2019 年 12 月底，公司拥有 86 项授权专利（含发明、实用新型和外观设计专利）、6 项软件著作权、40 项作品著作权。同时，作为国家标委会成员，华美在月饼国家标准的制定和推广方面开展了卓有成效的工作。

（二）多举措开展质量创新和管理创新活动

公司依托中国食品名镇东莞市茶山镇的科技力量，坚持走“产、

学、研”相结合的研发之路，以“创造市场所需的品种”为研发理念，与华南理工大学、华南农业大学、东莞理工学院、广东广益科技实业有限公司等科研院校、企业建立了紧密的技术合作关系，解决行业共性质量难题。坚持在全公司深入开展群众性质量活动，如鼓励员工发表对品质管理的认识、对各种品质管理工具实际应用的看法。开展“华夫车间临时班长、组长绩效优化”管理创新活动，科学地对员工工作质量、能力、态度进行评判，及时给予反馈和激励，提升员工工作能力，完善人才培养长效机制。通过全面投入使用制造中心网络服务器，使生产相关数据实现共享与集中管理，防止因人员流失出现丢失的情况。通过持续的质量创新和管理创新活动，公司的市场竞争力和技术水平得到显著提升。

四、品牌

公司在成立之初就意识到要打造全国性的品牌，此后，公司树立了创建全国性品牌的战略方向，持续推动品牌升级。

（一）从战略层面不断加强品牌建设

1. 依托品牌管理组织体系提升品牌价值

公司实施立体化品牌战略，并随着产业发展进行适时调整。为加强品牌建设，公司成立了品牌管理部，负责公司品牌的建设和运营，构建了专业化的品牌管理组织体系。公司加强品牌愿景建设，建立超越产品意义的品牌价值，让品牌成为创新和竞争的护城河。公司联合合作伙伴，对“互联网+”、工业4.0模式打造、品牌建设、产品驱动等方面进行有效完善和不断提升，快速提高应对多变的市场环境的能力，并依托华美的品牌势能，共享华美的品牌红利，实现共赢。同时，随着公司的发展，公司将全国性品牌战略目标上升到国际品牌战略目标，以“引领食品行业潮流，缔造国际健康品牌”为愿景，加大了品牌建设的全方位投入，通过实施一系列品牌战略举措提升品牌价值。

2. 构建立体化品牌营销网络

一是通过广告宣传提升品牌知名度。华美先后邀请了孙悦、周华健代言，通过明星的知名度，拉动华美品牌的知名度。二是参加展销会扩大品牌影响力。2008年，全国糖酒商品交易会在成都举行，华美以组团方式参展，取得良好的成绩，扩大了影响力，此后华美多次参加食品行业、烘焙行业的展销会，进一步提高了品牌在行业中的知名度和影响力。三是拓展多样化营销渠道，实现共赢。公司注重多样化营销渠道的建设，从2002年开始与中国邮政合作，开展月饼邮寄业务，这是月饼企业第一次与邮政部门合作，华美的品牌影响力与邮政完善的物流体系和庞大的终端强强联手，双方实现了共赢。四是发展电商和新媒体营销。2013年，华美开始涉足电商。董事长袁旭培认为，对于已经拥有完善经销商网络的华美而言，只有率先抢占前景巨大的电商市场，才能在现阶段的行业洗牌中独占鳌头。公司在主要的电商平台淘宝、京东上均开设了旗舰店，同时开设了微商城，形成了完善立体的电商营销体系。在新媒体快速发展的当前，公司也积极顺应趋势，例如：2016年6月26日，华美第一届互联网月饼新媒体营销大会在北京鸟巢召开，大会邀请了许多淘客、网红和自媒体大V，粉丝效应拉动电商流量，取得了良

好的销售业绩和品牌宣传效应。

（二）通过对品牌的维护加强品牌建设

1. 完善顾客投诉和品牌危机管理体系

公司通过建立顾客投诉处理制度和流程，对顾客投诉处理过程进行规范，确保顾客投诉得到有效、迅捷的处理，同时将顾客投诉作为公司改进的机会，确保投诉问题及时整改，避免下次再发生。公司根据情况将顾客的投诉分为一般事故和重大事故，由品管部负责内部原因分析，提出改进方案，并跟踪验证。对于一般事故，在接到营销部投诉函后，24小时做出分析，提出改进方案，交责任部门执行，并给营销部回复；对于重大事故，立即组织相关部门讨论，分析原因，制定相应的改进措施，并在48小时之内回复营销部。相关责任部门负责改进措施的具体落实：技术部负责工艺、标准等方面改进措施的执行；生产部负责具体操作方面改进措施的执行；设计部负责包装设计方面改进措施的执行；总经办负责对外处理方案的审批，包括赔偿和回访。公司完善的处理、反馈、跟踪机制有助于恢复顾客信心，提高顾客满意度，避免同类投诉的发生。

2. 实施全面的品牌保护和品牌评价体系

打假维权是保护品牌和消费者权益的重要途径，公司作为烘焙行业的龙头企业，对于市场上出现的侵权行为，每年都在不断探索维权模式，成功发起一次次打假战役，促进了食品市场环境的净化。公司出台举报奖励办法，加大新闻宣传力度，引导和鼓励公众积极举报制假售假线索。此外，公司聘请专业打假公司进行维权，增加防伪标识，整理真假产品的辨别方法。通过采取“公司 + 打假公司 + 媒体 + 职能部门”多位一体的维权联动合作模式，促进了维权工作的高效开展，提高了打假效能。

（三）品牌建设取得丰硕成果

经过几十年的积累和发展，公司已成为全国大型专业烘焙食品先锋企业，华美品牌获得中国驰名商标和广东省著名商标，多次被评为“中国烘焙最具影响力十大品牌”。2019 年，华美参加品牌认证机构——广州市中标品牌研究院的认证，其对华美的品牌能力、品质、价值、声誉、影响力和企业文化等要素进行了评审，各项指标均达标，评价总分为 956 分，华美荣获五星品牌认证，这再次证明华美具有良好的品牌形象和优秀的品牌发展实力。

公司旗下子品牌产品常年销往全国各地及亚、欧、美、非等洲约三十余个国家，并且销量每年都在快速递增。华美月饼连续十七年被评为中国月饼文化节“中国名饼”，连续多年在月饼市场销量位居前三，华美广式月饼制作技艺被列入东莞市第五批非物质文化遗产。华美生产的华夫软饼市场占有量位居全国第一，脆蛋糕、曲奇饼干深受消费者喜爱，新研发的牧林蛋糕、粗粮饼干的市场反响也是不俗。在“2019 中国创新食品大会暨粤港澳大湾区标志食品品牌发布盛典”上，华美被中国食品工业协会、中国创新食品大会组委会评为坐标品牌（华美月饼、星格氏华夫）。此外，华美被中国焙烤食品糖制品工业协会评为“中国改革开放 40 周年焙烤食品糖制品产业领军企业”。

五、效益

（一）建品牌质量效益之路，创品牌质量效益之业

公司根据行业特点和企业战略，坚持“品牌是发展之道”和“质量是生存之本”的理念，大力开展品牌与质量建设。经过多年的努力，公司产品规模位居行业第一，各项财务指标稳步上升，居国内同行业领先水平，取得了显著的经济效益，2017—2019 年分别实现营业收入 6.95 亿元、7.19 亿元、8.27 亿元，实现利润总额 1250.11 万元、1054.23 万元、1496.84 万元，实缴税金 2994.03 万元、2734.89 万元、3156.32 万元。公司与供应商、经销商一起，共同创造众多工作岗位，为促进国家经济发展贡献了力量。近年来，公司打造了华美知名品牌，坚持卓越的产品质量，每年开发 10 多个新品类，为后续发展奠定了良好的基础。

（二）遵纪守法，宣扬主流价值观

公司自成立以来，一直遵纪守法，坚持诚信守法经营，宣扬主流社会价值观。公司认真贯彻执行党的路线、方针、政策，爱党爱国，守法经营，遵守公司治理、环境保护、安全健康等相关法律法规。公司尤其注重食品安全，遵守相关国家标准和行业标准以及饼干、糕点馅料相关标准，通过了 ISO 9001、ISO 22000 及清洁生产企业认证，完成了出口食品生产企业卫生注册登记，各系列产品全部获得了食品生产许可证（QS 证）。公司聘请专业法律顾问，宣讲法律知识，使公司上下形成了学法、懂法、用法、守法的氛围，增强了员工的法治观念，公司没有出现违法经营的行为。

（三）以诚信为基石，保护相关方利益

公司高层十分重视诚信体系的建设，从多角度、多层次创建诚信体系。公司制定及发布了员工廉洁管理规章制度，通过手册规范内部行为，以制度化形式，推进完善诚信体系。供应商和采购部门的员工都签订了诚信承诺书，有力地保障了公司诚信制度的顺利实施。通过加强内部管理，以诚信为本，公司获得了政府、供应商、客户、银行等众多单位的认可。

公司制定了相关制度和措施，明确了相关部门和流程，保护员工、供应商、消费者和股东等相关方的利益。公司关心员工身心健康、薪酬福利，为员工提供安全舒适的工作环境，促进其职业发展，同时扶贫帮困，切实解决员工困难；公司与供应商、经销商建立共同创造、长期稳定、互利互惠的战略伙伴关系，维护良好的市场秩序；公司以提高消费者身体素质与生活品质为己任，以消费者需求为技术推动，开发安全、口感好、品质稳定、消费者吃得起的产品；公司通过成长和发展与股东共享收益。

（四）热心社会公益，发扬中华美德

在董事长袁旭培的领导下，华美关心公益、热心慈善，多年来累计捐赠价值超过千万元，获得“慈善企业”“杰出公益企业”等众多社会公益奖项。

具体来讲，公司主要通过以下四种方式开展社会公益活动。

（1）热心助教，支持当地教育和山区教育。主要活动包括捐助茶山中心小学、每卖一盒月饼捐献1元钱至贫困山区（即“你买一盒，我捐一块”活动，资金由公益基金负责，主要捐助给贫困山区解决小孩上学午餐问题）、捐助梅州市平远县中行中心小学等。公司于2013年、2017年、2019年获得了慈善企业等称号。

（2）关爱社区，情牵困难人群。公司本着感恩的心关爱社区、服务社会，近年来多次携手政府和公益组织，慰问困难、残疾人士和老人，让他们感受到社会的温暖，充分体现了华美助残和爱老的优秀文化。

（3）热心灾区，拥军爱军。公司每年会向全国受灾区域捐献月饼、饼干等物资，这些物资带着深深的感恩心，传递中国人民团结一心、共同抗灾的正能量。公司还向部队特别是我国的维和部队捐献月饼、饼干等物资，让远在异乡的战士感受到温暖和祝福。

（4）支持发展中国非物质文化遗产。公司通过发扬光大中国非物质文化遗产，为中国传统文化的继承与发展贡献力量。公司打造了月饼博物馆，为观众提供优质的月饼文化体验，是国内月饼文化教育和传播中心。从月饼文化到更加广泛的中国非物质文化建设，公司为中国优秀文化的继承和光大添砖加瓦。此外，公司通过产品促进非物质文化遗产的发展。2019年，公司广式月饼制作技艺被列入东莞市第五批非物质文化遗产。

11

中储粮："两个确保，三个维护"的质量管理模式

一、组织概述及质量管理实践模式总结

中储粮油脂工业东莞有限公司（以下简称东莞公司）成立于2003年9月，是中国储备粮管理总公司直属企业中储粮油脂有限公司的下属全资子公司。东莞公司地处东莞市麻涌镇新沙港工业园内，与广州经济开发区一江之隔，占地面积300余亩，注册资本3.48亿元，总资产50亿元。东莞公司专业从事大豆压榨，食用植物油生产、加工、仓储及销售，同时承担华南地区中央储备油脂油料储存轮换、粮油市场稳定供应以及国家宏观调控等任务和社会责任。东莞公司共有压榨、精炼、分提加工生产线和包装油灌装生产线10条，年油脂加工量达85万吨，年大豆加工量100万吨。有油罐52座，总罐容31万吨，拥有占地面积1万平方米的发油平台，年油脂中转能力为100万吨。

东莞公司秉承"品质一流、客户满意、信誉卓越"的质量方针，立足先进的技术设施，推行现代化、系统化和国际化的质量管理机制，致力于为消费者提供可靠的产品和优质的服务，现已通过 ISO 9001 质量管理体系认证、HACCP 食品安全管理体系认证，以及 OHSAS 18001 职业健康安全管理体系认证，并被确定为大连商品期货交易所指定交割油品质量检验单位。东莞公司高层领导非常重视产品质量、食品安全和经营质量，形成了有自己特色的"两个确保，三个维护"的质量管理模式：确保中央储备粮油数量真实、质量良好，确保国家急需时调得动、用得上，努力维护农民利益，维护粮油市场稳定，维护国家粮油安全。中储粮人既在前线又在幕后，前线是在保障粮油安全、支持"三农"发展的战略前线，幕后是在百姓安居乐业的幕后。"两个确保，三个维护"就是东莞公司的职责和宗旨，也是概括东莞公司多年实践发展的最重要的关键词。

二、质量

东莞公司根据国家食品安全战略和集团总体战略规划，将质量发展作为东莞公司的一项重要战略，以先进的质量管理方法追求高质量的发展水平。

（一）实施质量发展战略

1. 实施基于东莞公司文化的质量发展战略

东莞公司在秉承集团企业文化的基础上，增加东莞公司自己的元素，确定企业愿景为“成为华南地区油脂油料行业的领军企业，成为稳定华南地区粮油市场的重要力量”，确定企业宗旨为“两个确保，三个维护”，即确保中央储备粮油数量真实、质量良好，确保国家急需时调得动、用得上，努力维护农民利益，维护粮油市场稳定，维护国家粮油安全。这充分体现出东莞公司既肩负着促进企业质量发展的责任，又承担着维护社会粮油安全和食品安全的责任。

2. 注重质量管理投入和质量人才队伍建设

东莞公司设立综合管理部和质量管理部，分别负责组织运营质量管理和产品质量管理，遵循“体系化、流程化、信息化”的工作系统设计原则，运用先进的科学管理方法，建立了 QMS 质量管理体系、HACCP 食品安全管理体系、EMS 环境管理体系、OHSAS 职业健康安全管理体系，编制了东莞公司《质量管理手册》《员工手册》《思想政治和企业文化口袋书》，形成了特色鲜明、独树一帜的组织质量文化。东莞公司建立了多个化验室和检测室，配备了专业化验和食品检测人才团队和质量管控人才团队。积极开展质量管理和品质检验班组建设，形成“育人的文化”，努力让质量管理团队“更专业化、更市场化、更现代化、更规范化”，打造东莞公司的金字招牌和铁军队伍。公司质量管理部门经常检验体系的有效性，根据实际情况与出现的问题做出相应的调整并落到实处。

（二）确保质量和食品安全

东莞公司基于产品特点和行业特点，结合 ISO 9001：2015 质量管理体系的标准和要求，运用科学管理方法及精益思想、理念和工具对公

司生产经营全过程实施严格监控、持续改进、不断创新，促进公司战略目标实现。东莞公司在生产制造管理、设备管理和质量管理等关键过程建立了完善的质量管理制度，制定了《全员安全生产责任制实施方案》，形成了讲安全、讲质量、讲成本、讲效率、讲规范的良好氛围，确保产品质量和食品安全。建立了完善的采购检验、生产检验、存储检验和出货检验质量控制流程，规定了各个环节的质量责任主体和责任内容。制定了系列产品质量标准和质量预防、质量管控标准，包括大豆原油质量标准、棕榈原油质量标准、棕榈油精炼生产过程质量内控标准、大豆油精炼生产过程质量内控标准、菜籽油精炼生产过程质量内控标准、棕榈油分提生产过程质量内控标准、成品油质量内控标准、商品大豆质量内控标准、压榨厂生产过程质量内控标准、含棕调和油产品耐寒性控制标准、中包装基础油质量内控标准、包装油质量内控标准等，在生产过程中和出货时严格执行，并制定了来料批次合格率、产品交检合格率、食品安全保证率、化验数据准确率等关键绩效指标，对供应商、生产制造部门、质量管控部门和检验部门进行绩效考核。

（三）努力提高质量管理水平

1. 持续改进质量管理水平

东莞公司十分注重产品质量管理，为确保在制品和成品的质量，从人、机、料、法、环、测等方面进行严格控制，以达到产品质量稳定、持续改进。同时不断完善过程控制要求，以持续改进产品质量，让顾客满意。目前，东莞公司按照国际质量管理体系的标准组织和安排生产经营活动，按照过程方法、系统理论指导管理体系的运行和持续改进。东莞公司贯彻执行全面质量管理，导入卓越绩效管理模式，充分利用PDCA循环原理，并引入信息技术和信息系统，采用大数据分析系统，打造形成整合化的“管理+IT”的综合经营管理平台，实现品质管理以预防为主、持续改进的目的。东莞公司规范原材料、半成品和成品检验管理制度和流程，保证了原材料的质量，并通过自检、互检加强生产过程的质量管控，提高了产品质量，降低了质量成本。

2. 质量水平获得行业和客户的高度认可

东莞公司每年投入大量资金实施提质增效技术改造和技术革新改造，通过流程优化、流程再造、管理变革、工艺优化等对生产制造和质量管理过程加以改进，既提高了生产效率，又提升了产品品质，使产品质量达到国内领先水平。2017年荣获中国粮食行业协会颁发的“全国放心粮油示范工程示范加工企业”称号，2016年荣获共青团中央和国家安全生产监督管理总局颁发的“全国青年安全生产示范岗”称号。近几年，东莞公司采取科学、规范、客观的评价方法，开展了客户满意度调查，2019年，豆粕老经销客户占比达到90.4%，客户满意度达到96.4%，高于同期竞争对手和标杆水平。东莞公司产品在华南地区的市场认可度非常高，是老百姓信赖的放心粮油供应商和品牌。

三、创新

东莞公司秉承“唯稳定稳民生，以创新创未来”的经营理念，不断

开展技术创新、质量创新和管理创新。

（一）构建完善、高效的技术创新体系

1. 组建一流的专业技术团队

东莞公司重视创新技术研发，围绕自主研发、产学研合作开发等模式，成立行业主要技术领域的专家组，包括食品加工、食品检验和智能制造等领域。东莞公司拥有由研究院研究员和高校教授组成的强大的外部技术专家队伍，以支撑和推动东莞公司的核心技术稳健发展，并在科技成果转化和产业化、企业技术升级、科研环境共享、高层次人才培养与实践等方面形成联合优势，实现共赢，促进企业纵深发展。东莞公司拥有研发及检验化验专业技术人员 36 人，人才结构合理，是一支专业化、知识化、高效化、创新力强、上进心强的青年人才团队。研发成员均来自食品科学与工程等相关工科专业，平均年龄 32.6 岁，长期以来一直从事油脂油料相关生产工艺研究、检验方法开发及新产品研发等工作。

2. 持续加大研发投入，重视技术研发平台建设

为了在行业中保持领先地位和获得更好的发展，东莞公司历来重视技术创新。东莞公司每年研发投入超过营业收入的 4%，近几年来每年在技术创新方面的经费投入均在 2 亿元左右。同时，积极与广东省科学院、河南工业大学、东莞理工学院等研发机构和高校开展合作，成立了广东省粮油食品工程技术研究中心等。东莞公司建立了油脂化验室、油料化验室、包装油化验室及研发实验室，实验室办公面积约 1200 平方米，拥有气质联用仪、气相色谱仪、液相色谱仪、电感耦合等离子体发

射光谱仪等多类油脂油料精密检测仪器。围绕企业战略路线，东莞公司全面建设技术研发平台，在粮油精制科技领域夯实核心竞争力，同时大力发展自动化、智能制造等创新领域，并与实体经济深度融合，以智能制造技术为驱动，立足智能制造核心优势，着力打造安全食品产业。

3. 实施技术创新激励措施

东莞公司引进专利信息平台时刻监控行业专利技术发展和申请动向，跟踪主要竞争对手在全球的专利动态，收集和整理相关专利文献，逐步完成行业专利分布分析，保持对新技术的敏感性，分析技术发展走向，寻求核心技术的跨越或技术改进，以开发具有技术竞争力的核心产品。东莞公司在人工智能基础层、技术层及应用层已具备深厚的技术实力，并积累了大量的行业应用案例。东莞公司制定了《无边界组织（项目组）实施管理制度》《中储粮油脂东莞公司合理化建议活动实施与奖励方案》等用于激励创新的管理文件和制度，并成立项目评比委员会定期对创新成果进行评比和奖励，增强组织创新动力。

4. 打造产学研合作与自主研发模式

东莞公司与多所高校、科研机构合作开展了多项高技术水平的科研项目，取得了一系列成果，增强了东莞公司的研发能力，多项粮油精炼技术领域的核心技术达到国际先进水平或者国内领先水平。截至 2019 年底，东莞公司累计专利申请数 18 项，授权实用新型专利数 11 项，7 项国内发明专利申请还在实质审查中。近年来，东莞公司开展的科研基金项目有：2017 年，完成广东省科技计划项目（2015B090906023）中

的"掺假花生油特征风味物质研究"，系统分析了花生油及香精的风味物质成分；2018 年，合作完成国家自然科学基金项目（31671818）中有关"δ－生育酚在精炼油脂中的抗氧化效果及其热损耗"的研究；2019 年，合作完成广东省科学院发展专项资金项目（2019GDASYL-0105015）中关于"磷脂含量对煎炸油烟点、耐寒性、氧化稳定性和煎炸稳定性的影响"的研究。东莞公司以技术自主研发为主，结合公司实际与市场需求，密切跟踪油脂行业发展趋势。通过立足前沿，不断进行新产品和检测技术开发，东莞公司在行业内一直处于领先水平，保证了公司在行业竞争中的优势地位。东莞公司现有 3 项国际领先技术，5 项国际先进或者国内领先技术，对整体粮油行业的发展起到了重大推动作用。

（二）深入开展质量创新和管理创新活动

1. 长期开展重大质量攻关，解决行业共性质量难题

鉴于国家层面越来越重视食品质量安全，食用油检测中要求企业自检的项目越来越多，比如塑化剂、苯并芘、黄曲霉毒素等，加之这两年关于缩水甘油酯和 3- 氯丙醇酯等有毒危害物的新闻和研究也逐渐增多，东莞公司成立了"食品质量安全小组"和"食品质量安全管理委员会"，不断创新工作方法和检测手段，缩短检验时间，提升检验速度，保证检验结果准确，维护食品质量安全。质量管理部根据实际需求，在日常工作中举行了多次检验技能大比武和课题项目的立项，着力改进检验方法和提升产品质量。东莞公司自成立以来，通过质量和技术攻关取得了累累硕果。

2. 创新质量管理技术，带动本行业质量管理技术进步

东莞公司将质量管理的最新技术、方法与公司的实际情况相结合，构建了全方位的质量管理和激励机制，使东莞公司的质量水平一直处在行业的领先水平。东莞公司注重各个方面的改进工作，广泛收集改进信息，并运用调查表、排列图、因果图、直方图、检查表、拆线图、头脑风暴法、树图、流程图、控制图、矩阵图等新老工具及时识别东莞公司、部门、操作三个层面的改进机会，遵循 PDCA 循环原理，开展项目小组、职工技能竞赛、质量月、工装夹具改进、精益生产、合理化建议等多种形式的改进活动。同时，东莞公司制定了相应的管理办法，测量、监督公司的改进活动。自 2018 年东莞公司实施无边界组织以来，先后有信息化建设小组、精炼分提攻关小组、充氮保鲜 / 均质项目小组等多个无边界组织成立，在给员工提供更多自我展示、自我实践的平台和机会的同时，加速了东莞公司持续探索新思路、新技术和新方法的氛围的形成。

3. 坚持深入开展大规模群众性质量活动

东莞公司对照“专注、突破、尊重、成长”的核心价值观，建立了自主质量改善体系，充分利用“QC 小组活动、活动看板、改善提案”“团队共创”“PDCA”“OGSM–T”“目标管理”“5W1H– 根因分析”“积分制绩效管理”等管理工具，积极开展“小发明、小创造、小改善”等群众性质量活动，实现全员自主改善，为企业创造了可观的效益。东莞公司通过开展一系列群众性质量活动进行管理创新，促进管理水平进一步提升。一是落实合理化建议。东莞公司制定了《合理化建议活动实施与奖励方案》，规范合理化建议管理工作，建立长效反馈机制；培养员

工参与企业经营管理的意识，调动员工为企业出谋划策的积极性，提升企业生产经营管理水平；制定了合理化建议实施流程，按照既定的流程完成合理化建议项目的实施。二是注重班组建设，提高现场管理水平。围绕执行力班组、能动性班组、创新性班组、节约型班组、学习型班组、智能型班组几个方向着力打造，全面提升现场管理、安全管理、质量管理、成本管理、设备管理、绩效管理、班组管理、项目管理水平，加快推进卓越班组建设、铁军队伍打造，为实现"双优秀"目标而不懈奋斗。东莞公司编写了一本反映公司实际和指导公司全面管理的书——《建设卓越班组 打造铁军队伍——中储粮油脂东莞公司班组建设纪实》。三是注重生产管理创新，推行精益生产。根据东莞公司精益管理的推进实施要求，创新绩效管理，规范考核模式，制定东莞公司"精益生产 LPSS"之"全员自主改善"行动计划与年度安全生产目标，从现场、安全、质量、成本、设备、绩效、班组、项目八个方面制定精益目标和考核标准。东莞公司以考核促安全、以考核促竞争、以考核促精益。

（三）取得一系列重要创新成果

东莞公司的创新实践取得了一系列的成果，增强了东莞公司的研发能力，对整体粮油行业的发展起到了重大推动作用，保证了东莞公司在行业竞争中的优势地位。一是培养了大量的创新人才。东莞公司制定和落实《技术人才培养管理制度》《人才梯队建设管理制度》，以优厚的条件吸引各个方面的优秀人才，创建并发展了高素质的管理团队和研发团队。研发项目团队成员均毕业于国内知名理工科院校食品加工专业，既有全面扎实的食品加工和食品安全基础知识，又有丰富的工作经验。二是打通了研发内外部资源。东莞公司每季度组织技术交流会，邀请内部技术骨干和外部知名专家进行研讨交流，并依托企业技术中心、行业协会等组织不定期举行和参加报告会、座谈会、论坛等，落实先进技术。东莞公司每年会派大量技术人员参加食品加工、食品加工机械、食品安全等展会，让技术人员开阔视野，紧跟技术前沿。三是提高了研发创新实力。东莞公司与多所高校、科研机构合作开展了多项高技术水平的科研项目，取得了一系列成果，增强了东莞公司的研发能力，提高了东莞公司的技术水平。东莞公司与广东省科学院、河南工业大学、东莞理工学院、郑州远洋油脂工程技术有限公司和中国广州分析测试中心等开展了多种形式的产学研合作。四是提升了生产自动化水平和生产效率。东莞公司建立了一套完善的技术改造管理体系和流程，各个车间和部门在技术开发和技术改造方面的投入和积极性非常高，大大提高了公司生产自动化水平和生产效率，同时，也提高了产品品质，降低了生产成本。东莞公司实施这些改进与创新活动以来，在提质增效方面成果显著。五是提升了品牌形象。东莞公司多次被国家粮食和物资储备局评为“全国粮油仓储规范化管理先进企业”，被人力资源社会保障部和国务院国资委评为“中央企业先进集体”。

四、品牌

东莞公司为适应战略发展和转型升级的要求，努力塑造新的品牌形象，并从组织、制度、规划、推广四个方面开展品牌建设，通过专业的

户外品牌推广和专业展会活动等，充分展示东莞公司"责任央企，匠心好油"的良好企业和品牌形象。

（一）战略层面加强品牌建设，实行双品牌管理模式

东莞公司通过高层领导、市场部、各单位三个层面的分工合作，形成职责明确的品牌管理组织，注重实施品牌战略。根据产业一体化运作的要求，东莞公司实行双品牌管理模式，即在统一的"中储粮"集团品牌下体现各产品品牌，通过商标注册确立自身的品牌标识，参与市场竞争。只有树立新的竞争观念和竞争意识，才能在激烈的市场竞争中占有一席之地。东莞公司主动做好市场调研，摸清自身优势，熟悉竞争对手情况，做好市场定位，以最优的产品占领市场，提高企业品牌的知名度。针对不同类别的产品，根据市场需求实施差异化管理，采取"重点聚焦，组合发展"的原则对各类别产品进行品牌规划。以销售占比较大的中包装油为例，高端品牌为"鼎皇"（经销商直供终端），中端品牌有"聚美味"（中端流通）、"汉鼎"（直供商直供终端），低端品牌有"俏厨"（低端流通），电商品牌有"海上花"等，对于不同的品牌，营销重点也不同。

（二）重视品牌营销与推广，提高品牌知名度

东莞公司注重运用多种平台和手段进行品牌推广，不管是企业品牌还是产品品牌都倾心打造，并提出"责任央企，放心粮油"的品牌口号，推出一系列以提高客户满意度为目标的举措和活动，更深入地了解客户的需求，同时也让客户更好地理解中储粮的企业理念和产品内涵。

一是通过企业宣传手册、产品手册和网站进行品牌推广。东莞公司加强企业宣传手册、产品手册的编制和企业网站的建设，通过《中储粮东莞画册》、《中储粮专业餐饮用油推荐手册》、中储粮东莞网站，宣传了公司的实力和产品的魅力，同时这也是东莞公司了解市场动向、客户建议的重要途径。二是投放户外广告。东莞公司按照统一格式制作门头广告、放心油牌匾、车身广告、海报及其他宣传品、小赠品，并投放到经销商门店、分销商门店、有影响力的农批市场。三是充分利用新媒体。建立东莞公司微信公众号“中储粮油脂东莞基地”，通过微信公众号对公司实力和产品质量进行宣传。同时，以春节、中秋节等重大节日为契机开展特色营销，提高中储粮的品牌知名度和美誉度。制定东莞公司产品的电子销售手册，加强与经销商、消费者、潜在顾客等的沟通和联系，增强客户黏性和体验感。四是与社会多方建立战略联盟关系，进一步推广品牌。东莞公司用心经营各方关系，长期与当地展会、厨师协会、食品安全协会等保持良好的关系，在公开场合展示东莞公司的品牌形象，增强品牌宣传效果。如参加有影响力的专业性厨师大赛、厨师技能培训机构举办的专业比赛，参加中国加工贸易产品博览会及各种行业展销会等。

（三）构建科学的品牌管理体系，维护和提升品牌价值

东莞公司建立了顾客投诉处理、品牌危机管理、品牌保护及品牌评价的科学管理体系，维护和提升品牌价值。东莞公司十分重视客户交易和投诉渠道管理，制定了一系列的制度、流程进行规范。如针对终端顾客，建立了客户回访机制。为了能及时接收和处理顾客投诉，提高顾客

满意度，建立和完善了顾客投诉处理机制，利用《客户意见反馈表》收集客户的反馈信息，通过《客户投诉管理程序》《产品退货处理流程》等制度文件，确保客户投诉得到有效和快速解决。东莞公司注重顾客反馈信息的收集和利用，根据投诉问题，由市场营销部将投诉问题进行分类统计，将统计信息分发到生产部门、研发部门，帮助公司进行生产流程的改造或新产品的开发。东莞公司从客户咨询和投诉中归纳、提炼客户关注的问题，形成服务手册，在全国范围推广，为后期销售中遇到类似问题提供合适的应对措辞。为有效应对各类危机事件，东莞公司建立了快速反应及协调处理机制，避免事态的扩大化，使事件及时得到妥善解决，进一步维护品牌价值。目前，东莞公司主导产品在华南地区的市场占有率居行业前列，品牌价值和知名度居同行业前列、国内领先，已发展成为本行业的知名品牌。

五、效益

东莞公司作为国家调控粮油市场、维护粮油安全的重要载体，承担着特殊的政策性业务，始终坚持国家利益为重、社会效益优先。经过多年的艰苦奋斗，东莞公司已经发展成为华南地区油脂油料行业的重要力量，取得了很大的经济和社会效益。

（一）坚持保障民生、服务社会

1. 积极履行公益类央企的社会责任

东莞公司积极落实国家一系列宏观调控政策，探索以企业化和市场化运作方式维护粮油市场稳定，实现宏观调控意图，服务宏观调控大局。东莞公司完善物流体系设施，提高粮油流通效率，减少流通环节，降低流通成本，构建粮油流通新格局，延伸粮油产业链，服务产业链伙伴，满足消费者需求。同时，完善经营模式，强化内部管理，推进信息化建设，实现国有资产保值增值等。

2. 积极履行企业公民责任，实现员工、企业和社会的和谐发展

东莞公司时刻关注员工身心健康，实现员工与企业共同发展；加强与合作伙伴的合作，服务行业成长和地方经济社会发展；参与社区建设，促进企业与社会的和谐相处。东莞公司历年来获得诸多荣誉，连续八年荣获“广东省守合同重信用企业”称号，被国家粮食和物资储备局评为“全国粮油仓储规范化管理先进企业”，被人力资源社会保障部和国务院国资委评为“中央企业先进集体”，连续五年被中国粮食行业协会评为“全国放心粮油进农村进社区示范工程示范加工企业”，获得“第十届深圳国际品牌特许加盟展暨餐饮产业链及配套服务博览会优质餐饮食材供应商”“企业信用评价 AAA 级信用企业”“2018 年第二届深圳名厨大会最佳合作伙伴”“‘九个一百’文明示范工程示范企业”“第三届广州市白云区饮食行业商会优质供应商”“先进职工之家”“广东省健康促进企业”等荣誉称号。

3. 积极投身社会公益和慈善事业

2017—2019 年，东莞公司在抢险救灾、扶贫救难等方面积极伸出援助之手，累计捐款 20 多万元。东莞公司成立以来，在公益事业上投入约 100 万元。2017 年成立“东莞市中小学生社会实践基地”，共接待了 5000 余人，助力东莞市中小学生社会实践教育，充分发挥其德育功能，

践行央企社会责任。

（二）经济效益处于行业领先水平

1. 产品和服务能力行业一流

目前，东莞公司生产持续稳定，开机率和产品单耗在区域市场保持优势；中包装产品成为华南区域中包装市场一线品牌，月均销售出库量已超90万箱，单个工厂销售出库量稳居华南区域行业第一；各类豆粕、散油及包装油产品质量稳居华南区域市场第一梯队；豆粕、油脂、中转业务上的整体服务效率在华南市场位居行业一流，油脂收发效率周边同行业领先，年发货量突破1200万箱。东莞公司基地拥有浅圆仓33个，总仓容33.15万吨，用于存放中央事权油料；拥有油脂储罐56座，总罐容35万吨，所有中央储备油全部实现专罐专储；年油脂中转/收发能力达200万吨，是华南地区最大的油脂中转服务商之一。东莞公司已发展成为一个集储备、压榨、精炼、分提、中小包装灌装和销售于一体的，具备比较完备产业链的综合性企业，是华南地区最主要的油脂和饲料蛋白供应商之一，同时也是大连商品交易所棕榈油、豆粕、豆油指定交割库之一。

2. 主要财务绩效指标居国内同行业领先水平

2017—2019年，东莞公司的总资产从21.44亿元增加到22.61亿元，主营业务收入分别为47.39亿元、40.43亿元、45.99亿元，利润总额分别为1898.77万元、2349.91万元、2620.71万元，产品销售率分别为95%、97%、99%，资本保值增值率分别为106.2%、103.3%和106.5%，总资产贡献率分别为1.2%、1.5%、1.7%，2019年人均产值近千万元，达到 997.92 万元。东莞公司各项财务绩效指标居国内同行业领先水平，大部分指标呈现稳定上升趋势。公司荣获“麻涌镇 2018 年度突出贡献企业”“麻涌镇 2019 年度突出贡献企业”称号。

12

合通科技：HTM-1234 质量管理模式

一、组织概述及质量管理实践模式总结

广东合通建业科技股份有限公司（以下简称合通或合通科技）成立于2002年，于2016年在新三板挂牌上市。合通科技是专业从事高端PCB（印制电路板）研发、生产、销售的国家级高新技术企业，注册资本6300万元，占地面积3万多平方米，是粤东地区规模较大、设备较为先进的电路板制造商。公司拥有生产高精密度的单面、双面、多层电路板以及5G高频板、3D打印机板、铝基板、铜基板的技术及能力，每月可承接单面板订单30万平方米，双面、多层及高密度线路板订单8万平方米，可进行多种类PCB的研发和生产，为客户提供多元化电路板产品和技术解决方案。

合通科技位于石排和松山湖的厂区如图12-1所示。

图 12-1　合通科技位于石排和松山湖的厂区

合通科技经过多年的质量管理实践，逐步形成了具有行业领先水平的“基于顾客导向、价值驱动、共创共赢”的质量管理模式，简称HTM-1234质量管理模式。其中：

HT是合通公司的英文简称；

M是管理模式的英文简写；

1是一把手负责，即领导责任制；

2 是两类顾客导向，即内部和外部顾客导向；

3 是“三全”，即全公司、全过程、全员参与。

4 是“四赢”，即顾客、员工、投资者、社会共赢。

HTM-1234 质量管理模式示意图如图 12-2 所示。

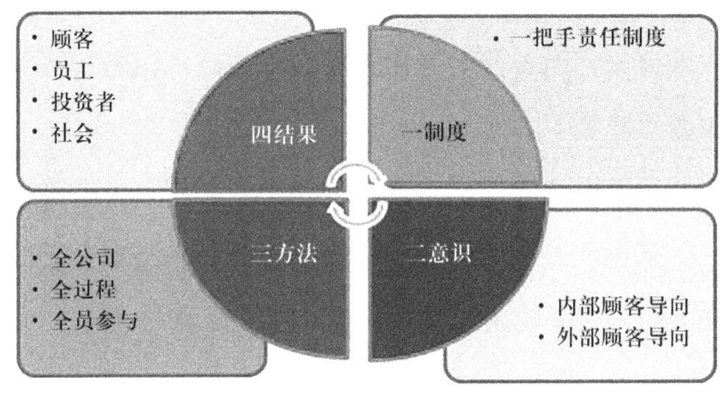

图 12-2 HTM-1234 质量管理模式示意图

公司始终紧跟行业科技创新发展趋势，立足 PCB 领域进行顶层设计，全面布局质量、品牌、技术、创新等支撑要素，确立“将合通建设成为国内领先的民营 PCB 制造企业”的愿景。为进一步加快全球化进程，合通科技基于高层领导对行业的洞察，将品质作为公司发展的核心因素，形成只有品质才能造就品牌的共识，逐渐沉淀了以市场为导向、注重自主创新、重视质量以及坚持常态化反省等特色企业文化，引领企业产业升级和可持续发展。

公司在佛山、厦门、深圳等地设立了多个营销分公司，10 多个办事处，营销网络覆盖了铝基板、碳油板、电源板、HDI 板、高频板、5G 高频板、汽车配件、电脑周边产品。同时，不断开发国外市场，在德国、印度、美国、日本等均有固定合作伙伴。自创立以来，公司始终秉承

“客户第一，信誉至上”的市场理念。随着时代的进步，公司的产品生产范围也在不断更新。

合通科技在发展的道路上也曾克服了不少的问题。例如：生产制造前期投入垫资巨大，后期资金回收缓慢，导致生产交货延误，得不到良性循环；采购的配套产品的内在质量得不到有效保障；有技能、有资质的高素质人才流失，设备陈旧老化。但这些都被几代坚韧不拔的合通人通过努力拼搏而战胜了。

合通科技持续关注质量，由总经理陈子安带领六名高管组成强有力的经营班子，下设十三个职能部门进行逐级分管，制定合通科技整体的战略重点和方向，并据此制定质量战略规划及行动方案。

二、质量管理模式的文化基础

合通科技的质量管理模式建立在深厚的企业文化底蕴之上。公司在质量品牌、文化建设方面先后制定了一系列措施，通过了 IATF 16949 汽车质量管理体系认证、ISO 9001 质量管理体系认证、ISO 14001 环境管理体系认证、CQC 产品认证、UL/CUL 安规认证。

公司每月组织召开质量例会，开展产品质量的宣传，部署质量控制重点。每月在生产看板上展示质量问题的落实和处理，实行目视化动态管理，使每一位员工意识到产品质量、品牌形象的重要性。公司定期组织员工参加质量相关知识的培训，提升员工的检验技能和水平。

合通科技制定了长期的质量方针和战略目标：“以质为本，以客为尊，精益求精，务实创新”，“以客户满意为目标，确保客户的需求和期

望得到确定，并转化为公司的产品和服务要求”。公司围绕这个思路进行深入的质量管理和品牌建设，同时细化工作，具体分解到各个部门进行有效执行。

三、质量管理体系

合通拥有 ISO 9001、IATF 16949 两个质量管理体系文件，并拥有 UL/CUL、CQC 两个安规检验规范作为辅助。文件条款对公司产品质量检验、计量、信息管理、考核奖惩、不合格品的处理等做了一个系统、详细的规定，作为公司执行的依据。

为了夯实质量管理基础和推动质量管理创新，合通将线路板专用检验标准辅导文件作为辅助性检验标准，如 PCB 行业通用的 IPC-A-600、IPC-4101、IPC-6012 等。

根据国家相关法律法规的要求，公司每年坚持对内部进行质量、环境、职业健康安全三体系的审核工作，出具内审报告并进行整改。同时，邀请专业质量认证机构对公司进行外部评审，实施改进措施并取得认证证书。在计量管理方面，公司严格遵守国家计量法的相关规定，每年定期通过第三方检测机构对公司所有检验仪器进行校对、检测，并取得仪器检定合格证书。质量管理部门根据年度目标计划制订月度工作计划，分班到人，落实责任制。每周一、周四坚持联合生产部、技术部开展巡检工作，做到及时发现、及时反馈、及时处理，起到预防、把关的作用。

合通每年要求质量部、技术部、综合部协同配合，对新入职的员工进行企业文化、产品技术及三体系知识方面的培训，引导员工掌握不同领域的技能和知识。目前，质量管理体系已覆盖公司90%的工作。根据绩效考核方案，公司制定了产品质量指标考核办法，从补料率、客诉率、5S评比、报废率、IQC进料检验合格率等方面考察质量指标的完成情况。公司制定了产品质量奖励条例等激励制度，评选质量优秀员工并进行奖励。

四、质量管理建设成果和效益

品牌建设成果。合通科技积极开拓和整合社会资源，推进质量建设、品牌建设。在新型产品技术开发初期，主动联合各大科研设计院，开展产品设计审查，实现产品智能化、环保化、轻量化、标准化。积极参加国内外各项创新活动、专利申请和比赛，获得了国家颁发的“高新技术企业证书”，并荣获了“广东省制造业企业500强”证书。“合通”成为广东省著名商标。

供应商质量管理。合通科技在采购招投标期间都要进行技术方案评审，针对产品的技术参数、使用性能、质量关键控制点和要求，与供应商进行面对面交流、沟通。对于新引进供应商，公司有着完善的审批流程和制度。在采购初期，公司会组织相关部门人员对供应商进行质量考察评估，并建立了可控的供应商等级评定机制。对于评审合格的供应商，纳入合格供应商清单。对于生产能力较为薄弱的供应商，在制造过程中不定期给予质量和技术方面的指导，促进互惠互利的发展，与供应商建立战略合作伙伴关系。在设计、采购环节发生质量问题时，公司质

量部积极组织召开质量例会进行讨论、分析，判定责任，制定有效的改进措施和实施方案。

形成特色质量管理模式。合通科技历经多年的成长磨砺，在质量管理方面积累了一定的经验和实践方法。公司重点关注对制造过程的控制，坚持每周联合生产部、技术部的相关人员进行现场巡检，及时高效地在生产第一线协调解决问题，形成信息反馈，并在 OA 系统存档。公司每年会开展三次大型的品质改善活动，针对发生的重大品质异常进行全员分析改善。设立信息反馈平台，为质量问题的收集和处理提供支撑。积极参与行业和协会的标准制定工作，并第一时间学习和贯彻标准。销售人员积极维护公司品牌形象，第一时间拜访客户，了解客户所需，得到客户的一致好评。针对客户新订单设立“产前评估表”，对产品特性进行评估后再开始生产，提高产品制程一次性良品率。

在公司总体发展战略的指引下，合通科技基于核心价值观和关键绩效指标，围绕满足和超越内外部顾客和其他相关方的需求，充分利用绩效测量、分析和评价的结果，开展公司层、部门层、岗位层的改进和创新活动。通过全员参与的改进和创新活动，全面支撑战略目标的达成和战略举措的落地。

合通科技一直以服务客户为宗旨，注重产品的品质和质量，在与客户的沟通与交流中，均优先考虑客户需求，多次参与到客户的产品设计及开发中，帮助客户解决生产过程中出现的难题，为后续批量生产奠定了良好的基础，获得了客户的一致好评，树立了品牌信誉。

合通科技坚持正和博弈之道，追求与客户、合作单位实现共赢。只有在合作各方的利益需求得到较好地满足、尊重和保障的前提下，合作关系才能不断地巩固、优化和深化，从而为公司的永续发展打下坚实的基础，进而提高员工福利，反馈社会，实现顾客导向、价值驱动、共创共赢。

综上所述，合通科技在质量管理模式建设上展现出了勃勃生机，取得了显著成效。未来，在各级政府的指导和扶持下，合通科技将通过自身的努力，强化基础建设，持续改进和提升，为东莞市的质量强市工作、广东省的质量强省工作添砖加瓦，在国际市场上打造中国制造的好品牌，树立优质的行业标杆形象，为企业的质量管理建设谱写更加辉煌的篇章。

13

隐贤山庄：服务个性化、运作平台化、经营多元化、管理人性化

一、组织概述

东莞市隐贤山庄景区投资有限公司（以下简称隐贤山庄）位于广东省东莞市常平镇，交通便利，距广深线常平站、东莞东轻铁站、常平南站、常平客运站仅5分钟车程，距潮莞高速、东莞东部快速干线常平出入口仅10分钟车程。

隐贤山庄由景区与酒店两大经营板块组成，占地约500亩，自1992年成立以来，已累计投入近10亿元。通过不断的升级改造，隐贤山庄极大地丰富了游览内涵和旅游体验，让游客在玩乐中学习，在体验中成长，游客人数在2017—2019年均超过150万人次。目前，隐贤山庄已经成为粤港澳大湾区内集会务培训、企业拓展、文化旅游、餐饮宴会、亲子度假、休闲娱乐、研学教育于一体的智慧人生旅游目的地。

景区以“八大主题、六大剧场·一票畅玩白＋黑”为特色，分为文化旅游体验区、动感游乐体验区和水上乐园区三大区域，有摩天轮、嫦娥过山车、大摆锤、高空飞翔、超级大喇叭等30多项动感刺激的游乐项目，也有动物园、恐龙谷、蜜蜜花园等极具观赏效果的项目，动静结合、老少皆宜。景区先后被评为“东莞市中小学生社会实践基地”“家庭教育亲子教育基地”“常平镇大学生社会实践基地”“全国小记者东莞培训活动基地”“广东省中小学生研学实践教育基地”，并获得“广东省2018十佳设施好评景区”“2018年支持文化工作先进单位”“候鸟归家·品质东莞—爱心企业”等20多项社会荣誉。

毗邻景区的隐贤山庄酒店，致力于打造学习交流、资源共享的平台。作为实行“免费会场”模式的先驱，隐贤山庄酒店创新打造会议收费运营模式，以专业会场服务为特色，针对培训公司提供一站式集成解决方案，让所有培训机构的学员都能满载而归，学有所获，学有所成。2015年，酒店从传统酒店向学习型酒店成功转型，成为广东省首个学习型酒店。依托隐贤山庄4A级景区的优势，2018年又对客房进行全面升级改造，既满足培训客户的需求，又满足旅游顾客的需求。目前，酒店拥有独具特色的豪华客房、亲子客房、禅意主题客房381间，并拥有将近4000平方米的用餐场地。餐厅傍依隐贤湖，以三层唐代风格建筑为主体，规模宏大，内部装修豪华舒适，处处古香四溢，充满古典韵味，带给客户高端享受。餐厅提供300余道中西菜式，可随心搭配，丰俭由人，并提供围餐、自助餐等形式。酒店不定期推出与景区结合的旅游产品，实现了游、学有效融合的目的。

隐贤山庄自成立以来，一直秉承着“团结开拓，务实进取，服务人

群，造福社会”的隐贤精神，在创造经济效益的同时，不忘承担社会责任，以实际行动支持和参与慈善公益事业，造福他人，回馈社会。隐贤山庄每年提取景区净利润的1%、酒店净利润的5%作为爱心基金费用，在内部成立爱心基金委员会，搭建爱心传递公益平台，积极参与救助灾害、救济贫困、扶助残疾人等困难的社会群体。景区现与多家职业类院校建立合作关系，作为校外实习基地，帮助学校培养学生。

隐贤山庄景区如图13-1所示。

图13-1　隐贤山庄景区图

二、质量

（一）质量发展

1. 高层领导重视质量工作

隐贤山庄高层领导高度重视、关注和推动服务质量工作，积极运用卓越绩效的评价模型、方法和标准，推动本公司经营管理质量的改进和提升。公司高层领导积极发挥组织总策划师和领头雁的作用，在各个阶段顺应时代发展的要求，明确了“为全体员工创造物心幸福的同时，服务人群，造福社会”的隐贤使命，形成了“创造喜悦旅程，打造共赢平台，成就智慧人生”的隐贤愿景，确定了“团结开拓，务实进取，服务人群，造福社会”的核心价值观，并制定了各时期的经营目标，主动带头宣传，推动落地和执行。特别是2015年后，公司领导以新转型为契机，凝聚全体员工及其他相关方力量，不断为公众及顾客丰富服务内容，优化服务环境，提升服务质量，创新服务品牌；为员工不断提供培训的机会，创造提升的渠道和成长的空间；为其他相关方打造更加畅通、公平、共赢的平台；对内不断加强组织治理，对外积极履行社会责任，引领公司成为一个富有社会使命感、责任感，活动丰富、不断创新、积极向上、生机勃勃的有机体，创造出广泛认可的社会价值。

2. 总体战略以质量为基石

隐贤山庄自成立以来，始终坚持以“承传、创新、匠心、创造、口碑、共赢”为经营理念，为客户提供热心、用心和有温度的悦客服务。通过逐步提升综合服务管理水平，隐贤山庄获得了专业机构的肯定，提高了企业品牌的美誉度。2016年，隐贤山庄进行4A级景区申报，2017年申报成功。从2017年底开始，隐贤山庄以ISO 9001质量管理体系和OHSAS 18001职业健康安全管理体系的国际标准、卓越绩效管理模式为抓手，全面进行过程分析、风险和机遇分析，并设立制度标准，建立和运行质量安全管理体系。其间，不断优化内部管理，提升服务水平，提出了“工作安全第一，服务以客为先，行为遵纪守法，超越客户期望”

的质量安全方针，并全员贯彻执行。2018 年，获得了权威第三方认证机构的 ISO 9001：2015 质量管理体系认证和 ISO 45001：2018 职业健康安全管理体系认证。隐贤山庄以“创造喜悦旅程，打造共赢平台，成就智慧人生”为愿景，确立了打造“东莞第一旅游目的地”的战略目标，提出走高质量发展的道路。以上均体现了隐贤山庄以提高经营质量为核心的价值追求。

3. 构建组织质量文化

自 1992 年成立以来，隐贤山庄在长期的服务经营实践中，提出了“为全体员工创造物心幸福的同时，服务人群，造福社会”的企业使命，在此基础上提炼出“创造喜悦旅程，打造共赢平台，成就智慧人生”的企业愿景及“团结开拓，务实进取，服务人群，造福社会”的核心价值观，并围绕景区、酒店两大服务业务板块，全力打造东莞旅游第一品牌。

隐贤山庄不定期举办各项企业文化活动，进一步丰富员工的业余生活，致力于为每位员工创造良好的工作环境及发展平台，打造隐贤“家”文化，提升员工的满意度和归属感。同时，将执着、坚持做好每件事情的精神传递给每位员工，激励员工共同努力去缔造隐贤的百年基业，与公司共同成长，实现双赢。

隐贤山庄始终坚持“制度治理公司”的管理准则，拥有完善的质量安全综合管理体系，编制了《综合管理手册》《安全管理手册》，并以过程方法为基准规范了各过程的行为准则，共制定了超过 100 项综合管理制度，覆盖酒店、景区两大板块中的操作与经营管理等领域，同时每年按照最新法规标准及公司实际对大量制度进行立、改、废工作，确保制度的充分性、完整性、合规性、时效性。

4. 发挥质量管理机构的重要作用

隐贤山庄专门成立了以总裁为主任、各业务板块负责人为管理者代表、各部门负责人为组员的质量管理领导小组。同时，在行政人事部设立质量管理体系督查岗，负责统筹全公司的服务质量监督与客户服务质量信息反馈工作，跟踪督导各项战略决策与质量管理工作的落地执行。通过搭建以上质量管理组织架构，隐贤山庄实现了统筹分工、各司其职，形成了完善的质量管理体系，推动各项质量管理工作有序开展，促进质量水平不断提升。隐贤山庄持续斥资对酒店、景区的文旅产品进行更新迭代，加强服务知识培训及应用，创新推出各类节庆主题活动与公益活动，实现客户接待量持续居东莞旅游行业首位，并呈现逐年增长的趋势，成为东莞市文旅行业标杆。作为实行“免费会场”模式的先驱，隐贤山庄创新打造会议收费运营模式，以专业会场服务为特色，针对培训公司提供一站式集成解决方案，有着极强的市场竞争力，成为同行业跟进和效仿的对象。2017 年 12 月，隐贤山庄被评为国家 4A 级旅游景区。此外，先后获得“广东省 2018 十佳设施好评景区”“广东省中小学生研学实践教育基地”等 20 多项社会荣誉。

5. 打造质量专业技术人才队伍

隐贤山庄拥有稳定的文旅行业专业队伍，高层管理人员平均工龄达到 12.2 年，中层管理人员平均工龄达到 8.3 年。企业注重营造学习氛围，重视人才的教育培养。企业的愿景是“创造喜悦旅程，打造共赢平台，成就智慧人生”。其中，“成就智慧人生”对外是让客户在体验中成长，对内则是让员工在工作中成长。企业坚持内外部培训相结合的原则，为员工创造各种学习和成长的机会，提供各种条件，造就、选拔、

重用人才，以每一个员工的成才和发展来促进企业的成功与发展。同时，隐贤山庄持续优化人才结构，往专业化、年轻化方向发展，为员工提供没有“天花板”的发展空间。凭借专业、稳定、务实的人才资源，隐贤山庄逐步成长为珠三角乃至广东省旅游行业知名的文旅名片。

（二）质量安全

1. 建立全面的质量责任体系

隐贤山庄依据国家和地方的质量安全法律法规、现行 ISO 9001 和 ISO 45001 体系标准、文旅行业最佳实践经验，建立了质量安全综合管理体系，明确了各项业务的质量安全方针、目标、标准化服务质量安全实施方法、风险点管控方法、异常情况的紧急对策及监督考核机制，并在组织架构的设置、专业分工、质量安全责任的认定以及质量安全责任的追究等方面均建立了完善的机制。在经营质量安全方面，建立了部门及员工绩效考核指标，明确经营目标；在服务质量和服务安全方面，建立了以领导负责制为基石的质量安全责任机制，运用督导制度和值班经理制度，结合内外部资源对服务质量和服务安全进行有效监督、评价、反馈与责任认定和追究等，确保职责清晰，有错必纠。

2. 具有有效的质量诚信和质量安全管理制度

隐贤山庄将质量诚信和质量安全视为企业的生命线，公司各级别人员拥有非常强烈的质量诚信与安全风险意识，并积累沉淀为务实审慎的企业文化。隐贤山庄建立了全面、系统、完善的质量安全管理制度体系，从需求分析及应对、合规性管理、质量安全风险控制、服务规范及安全标准执行、守法经营等方面进行明确规定，并制定了完善的质量安全风险识别制度，对各运营环节所存在的风险进行识别及评价，同时制定了完善的突发事件和风险应急处理预案，包括经营高峰期管理、突发事件管理等，保持了零事故的良好记录。隐贤山庄被上级机构、权威部门评为“消费者维权服务站投诉受理点”“明码实价示范单位”“2018 优秀消费维权服务站”“放心消费承诺单位”等。

（三）质量水平

1. 凭借优质经营水平与产品服务质量荣获多项荣誉

隐贤山庄凭借多元化的产品、优质的服务和经营质量水平，获得了社会的广泛认可，例如，被广东省景区行业协会评为 2019 年“景区热度 TOP20”，2019 年在美团臻榜获得 9 个 TOP1（东莞自驾出游景点榜、东莞陪爸妈游玩景点榜、东莞医护人员免费玩景点榜等），连续多年被《东莞时报》评为“金口碑品牌企业”，入选“广东省 2018 十佳设施好评景区”，被美团评为美团门票战略合作单位、最佳人气亲子游景区，并成为深圳市海外教育培训开发有限公司“指定合作企业”。

2. 在当地拥有良好的口碑和顾客满意度

隐贤山庄依据国家相关标准及广东省景区行业协会要求，科学、规范、客观地开展顾客满意度的综合调查和专项调查。具体来说，隐贤山庄对景区从“演出”“项目服务”“卫生”“售票服务”“用餐服务”五个维度开展顾客满意度测评，对酒店从“电话总机”“前台接待处”“客房”“会议服务”“中餐厅”“莲花西餐厅”等方面进行测评。结果显示，2017—2019 年，景区顾客满意度为 89.2%、88.5% 和 89%，酒店顾客满意度为 87.5%、88% 和 89%，呈逐年平稳上升的趋势。凭借良好的

口碑与顾客满意度，隐贤山庄多次被权威媒体机构评为“金口碑品牌企业”“明码实价示范单位”等。

三、创新

隐贤山庄秉着“承传、创新、匠心、创造、口碑、共赢”的经营理念，高度重视技术创新、质量创新、管理创新。

（一）技术创新

1. 构建先进、高效的技术创新体系

在技术上，隐贤山庄依靠具有前瞻性的 IT 战略规划，逐年对 IT 设施进行升级，共投入了 270 万元。公司应用云计算、移动互联网、人工智能等前沿科技，导入内网、K3、千里马、环企、OA 系统等信息化平台，在财务、精准营销、票务管理等各个领域取得了显著成效，确保业务系统和办公自动化系统高效运行。目前，公司在文旅行业拥有较先进的技术创新体系。

2. 主导产品或服务富有科技含量和附加值

在服务产品上，隐贤山庄致力于在广东省打造极具特色的游学目的地，让宾客在玩乐中学习，在体验中成长。本着“承传、创新、匠心、创造、口碑、共赢”的经营理念，结合企业的资源及特点，隐贤山庄对产品进行个性化设计，以满足多样化、个性化的客户需求。2017 年以来，隐贤山庄根据市场变化更新迭代了玻璃桥、水上乐园、华夏春秋、恐龙谷、加勒比美食街、嫦娥过山车、北极熊冲浪、环游世界等数十项产品，满足了经营发展及提升旅游体验的需求。

隐贤山庄玻璃桥采用大型工建桥梁技术建造，桥梁主锁采用虎门二桥主锁同档材质，每根承重可达1500吨，确保了主体安全可靠；桥面铺设的玻璃采用3D技术，带给人们强烈的视觉冲击和惊险刺激的玩乐体验。该玻璃桥建成后，引发了粤港澳大湾区内玻璃桥建造的潮流，成为名副其实的网红打卡地。此外，嫦娥过山车、北极熊冲浪、环游世界、恐龙谷等项目均采用了国内最为先进的自动化控制系统、音控系统、光控系统等，达到了集视觉、触觉、听觉于一体的效果。

隐贤山庄的华夏春秋、蜜蜜花园等项目在注重传承中国历史文化的同时，利用现代滴灌技术和立体盆栽技术，打造了一个四季鲜花盛开的立体花园，成为独具特色的网红打卡地。

隐贤山庄注重引导宾客们在玩乐中学习，在体验中成长。根据市场发展需求，隐贤山庄充分利用现有资源，拓建华夏春秋项目，传承中国历史文化；兴建动物乐园，教育人们爱护动物，引导人们与动物和谐相处；利用恐龙谷乐园，向人们诉说人类的进化历史；在四季如春的花园里，向人们传递尊重自然、爱护环境、珍爱生命的理念。特别是近两年，隐贤山庄重点打造研学项目，将自然科学与中国传统文化贯穿在游乐过程中，提升人们的文化内涵，同时通过手工制作课程，教学童制作茶点、面点，引导学童提升动手能力和独立生活能力。由于隐贤山庄在研学项目上的大力开发与投入，目前已被评为“广东省中小学生研学实践教育基地”。

3. 拥有较多的服务商标专利和省市级奖项

隐贤山庄共注册商标33个，2018年主推的生态卫生间进入2019年

"洁净东莞指数测评"红榜，成为行业标杆。隐贤山庄通过科技创新、产品创新，成为广东省景区行业协会副会长单位、广东省研学旅行协会副会长单位，获得"广东省2018十佳设施好评景区""2018年支持文化工作先进单位"等多项荣誉，并被评为国家4A级旅游景区。

（二）质量创新

1. 长期开展重大服务质量攻关

隐贤山庄高度重视服务技术创新，长期不断加强人力、物力、财力投入，提升服务技术水平，满足顾客日益丰富多样的服务需求，并以此打造东莞最大的欢乐体验乐园。隐贤山庄设立了战略工作小组，每年制定创新规划，统筹开展质量创新工作，推动全公司产品、服务、管理、运营、风控等各个板块的质量水平不断提升，并陆续在业务网络化、运营智能化、服务流程化和营销精准化等关键性重大难题方面取得突破。

2. 使用质量管理新方法、新技术、新工具

隐贤山庄按照管理专业化的方向，不断使用质量管理的新方法、新技术、新工具。例如，利用风险管理方法和工具，对景区管理过程、房务管理过程、酒店管理过程、营销管理过程等进行风险和机遇的识别、评价。2019年引入"千里马"系统，解决无纸化入园问题，实现票务系统规范化、业务网络化及营销精准化。在管理模式方面，公司倡导"谁主管，谁负责"的管理理念，将质量及安全管理指标层层分解，落实到责任板块、责任人，每个月对指标达成情况进行统计和考核，确保达成整个公司的质量安全目标。

3. 创新开展质量安全活动

为了提升质量安全水平，隐贤山庄每年邀请常平消防大队对企业进行消防、防恐、防爆等应急演练的指导，同时多次承办行业的公开应急演练活动。在多次专项演练及多方指导下，公司从高层到一线员工对突发事件的应急处理能力均得到提升，各部门的配合更加合理完善。

（三）管理创新

隐贤山庄富有远见卓识，大力推动以管理专业化为方向的质量管理创新，主动应对新时代经济形势变化与文旅产业转型升级的挑战，形成了具有文旅公司特色的管理创新模式，得到上级监管部门和同业的普遍认可，推动本公司质量管理取得了有效提升，在国内同行业中具有较强的推广价值。特别是近年来，公司进行了平台化运作、酒店 / 景区 / 餐饮股改等，优化了组织结构，整合了各板块资源，提高了管理绩效，同时加大了股东回报和员工激励，提高了员工满意度，激励全员追求卓越，将公司打造为同业竞争对手竞相模仿的对象。

（四）创新价值

隐贤山庄锐意创新，拥有行业领先的现代核心技术和管理机制。凭借这些技术和管理优势，隐贤山庄立足东莞经营多年，并向广州、惠州、深圳、中山等珠三角地区源源不断地输出管理、技术、资金、人才与服务。随着隐贤山庄品牌知名度的提升，前来体验的游客逐年增加，客源的输入不仅带动了常平镇餐饮业、旅游业的发展，同时也带动了周边餐饮业、旅游业的发展，隐贤山庄因而成为推动常平镇市场消费和经

济发展的强劲引擎。

四、品牌

（一）品牌建设

1. 从战略层面加强品牌建设

隐贤山庄高度重视企业品牌建设，在战略层面制定了品牌发展五年规划。公司品牌定位科学、清晰，符合政府及监管机构的相关要求与当前文旅行业的发展实际。公司高层带头传播品牌文化，使企业在社会各界树立了良好的品牌形象与口碑。

2. 拥有完善的品牌管理体系

隐贤山庄建立了专业的品牌管理组织体系，在策划部设置了专门的公关管理岗位，利用本公司庞大的经营网络与人脉资源，通过电视、网络、报刊等多种媒体渠道，有计划、系统地进行公司品牌宣传与推广。同时，建立了完善的顾客投诉处理、品牌危机管理、品牌保护与品牌评价等机制，与顾客、市场保持良好的关系，持续不断地提升品牌形象与品牌价值，赢得了政府监管部门、客户和社会各界的广泛认可，树立了良好的企业形象与品牌形象。近年来，隐贤山庄多次被上级机构、政府部门和权威媒体评为“十佳设施好评景区”“金口碑品牌企业”等。

（二）品牌成果

基于卓越的绩效管理、经营实力与品牌价值，隐贤山庄多次被协会及权威媒体评选为“景区热度TOP20”“十佳设施好评景区”“金口碑品牌企业”等，被东莞市纳入重点企业（服务业）名单。2019年，隐贤山庄在美团臻榜获得9个TOP1（东莞自驾出游景点榜、东莞陪爸妈游玩景点榜、东莞医护人员免费玩景点榜等）。目前，“隐贤山庄”已成为华南地区知名的文旅品牌。

五、效益

（一）经济效益

2017年至2019年，隐贤山庄累计实现财务总收入21744万元，年均实现财务总收入达7248万元，累计实现净利润3199万元，年均净利润1066万元。其中，酒店业务和景区业务分别盈利1050万元、2149万元，主要盈利指标达到广东省文旅公司先进水平。

公司在2017年导入税务筹划工作，把合作伙伴与公司的税务分开各自统筹。2017年至2019年，隐贤山庄分别向地方税务部门纳税70.31万元、262.49万元、265.79万元，合计达598.59万元，达到东莞市文旅行业平均水平。

（二）社会效益

隐贤山庄认真贯彻落实党和国家的路线、方针、政策，大力践行“为全体员工创造物心幸福的同时，服务人群，造福社会”的企业使命，坚持“团结开拓，务实进取，服务人群，造福社会”的核心价值观，积

极承担社会责任，从事公益活动，注重环境保护和职业健康安全，兼顾各方利益，积极回报社会公众。近年来，隐贤山庄先后荣获“支持文化工作先进单位”“东莞市中小学生社会实践基地”“候鸟归家·品质东莞－爱心企业”等多项荣誉。

促进酒店业发展：客源的持续输入促进了常平镇餐饮业、酒店业的发展，提升了常平镇的酒店形象。

激活夜游经济：隐贤山庄通过增设强体验业态，形成夜间游玩场所，刺激片区夜间经济，形成经济内循环，拉动内需。

创造两大主题旅游新地标：隐贤山庄专注做旅游，运营期间不断丰富旅游内涵，注重游客体验和产品多元化，为东莞创造了亲子、夜间两大主题旅游新地标。

稳就业：随着隐贤山庄的游客人数逐年增多，同步带动常平镇3000多个劳动力实现就业，充分响应了国家提出的稳就业政策。

创税收：截至2019年底，累计向税务部门纳税超过1.3亿元，成为推动常平镇市场消费和经济发展的强劲引擎。

支持公益：隐贤山庄在公益事业上持续投入，积极推动公益事业的发展，在回馈社会、造福他人的过程中成就自我。截至2019年底，累计向社会捐助近6000万元；2017—2019年，针对特殊群体开展的各种公益活动累计支出近1.5亿元。

14

铭利达：以“技术创新、效率驱动、标准管理”引领高质量发展的管理模式

一、组织概述及质量管理实践模式总结

广东铭利达科技有限公司（以下简称铭利达或公司）是中国精密结构件智能制造行业的领军企业，致力于成为国际领先的科技型一站式制造方案提供商。数年来，铭利达专业从事精密结构件设计、研发、生产及销售，以产品研发、模具设计和工艺优化为核心，以精密压铸、冲压以及注塑技术为基础，为光伏及清洁能源、安防、汽车、消费电子、医疗和出行等各领域客户配套提供多类型精密结构件产品，是 SolarEdge、华为、KACO、安讯士、海康威视、博世、采埃孚、麦格纳等全球知名产品制造商的主要供货商，与拥有广泛客户基础的经销商建立了长期、稳定的合作关系。凭借强大的技术研发实力，优质的产品、服务和解决方案等，公司先后获得海康威视的“最佳服务奖”“最佳交付奖”、SMA

的“金石伙伴奖”以及 Venture 的“合作卓越奖”，在行业内赢得了广泛的认同。

广东铭利达科技有限公司外景如图 14–1 所示。

图 14–1 广东铭利达科技有限公司外景图

根据市场特点和发展趋势，公司实施了以“技术创新、效率驱动、标准管理”引领高质量发展的管理模式，在搭台创新、聚才创新、布局创新等领域实现突破。在搭台创新方面，专注于持续优化以精密结构件压铸成型研发与产业应用为核心的团队——“铭利达新能源汽车铝合金精密结构件特种制造技术创新团队”，积极筹建压铸领域最齐全的实验室等自主研发平台；在聚才创新方面，基于自主研发平台搭建了东莞市院士工作站、广东省博士工作站并持续打造产学研团队，通过《中国压铸》等刊物、相关协会、专业机构等渠道收集信息，掌握全球压铸最新技术发展情况及顶尖人才动态，成为国内拥有压铸人才最多、压铸领域知识产权最多的企业之一；在布局创新方面，通过与欧美发达国家广泛接触，基于对安防、汽车、5G 通信、光伏、消费电子等产业的世界格局的研究理解，锁定目标，致力于发展成为国际领先的科技型一站式制造方案提供商。

通过多年的技术发展和行业深耕细作，公司近年在安防、汽车、通信、精密结构件应用领域不断率先突破，市场和技术成果硕果累累。2017—2019年，公司营业收入逐年增长，总额达10亿元，被正式列入广东省制造业500强企业。

铭利达人树立了创新引领高质量发展的理念，坚持“理想指引，文化护航，经济激励，制度保障”的经营理念，通过全面推行卓越绩效管理模式、全面质量管理和流程优化等，提炼了以“技术创新、效率驱动、标准管理”引领高质量发展的管理模式，促进经营管理质量和成熟度不断提高，不断提升产品质量和管理水平，把真诚服务客户和社会落到实处。

二、质量

（一）质量发展

经过多年持续快速的跨越式发展，公司入选为国际信誉品牌、全球竞争力TOP公司，荣获了中国民营企业500强、广东省制造业500强企业等多项殊荣。

公司提出了“质量第一，追求卓越，确保客户满意；全员努力，系统管理，持续改进”的质量方针，以“争分夺秒，主动作为，执行有力重于一切；孜孜不倦，精益求精，结果导向说明一切”作为高效行动指

南，全面推动研发创新、品质提升。公司建立了质量负责人制度，实行质量一票否决机制，确保组织能够持续稳定地向客户提供优质的产品、服务和系统解决方案等。

1. 质量文化

公司以“创新、激情、诚信、成本”为核心价值观，从集团文化建设入手，促进和实现制度外在约束力与文化内在约束力的融合统一。在加强内涵质量建设的过程中，实行全面质量管理，形成“以关注客户需求为导向，全员参与，以质量提升为驱动，以达到客户满意为要求”的质量文化。

质量文化是公司文化的重要组成部分，是公司管理层和员工在长期实践中酝酿、提炼和不断优化的结晶，是质量宗旨、质量理念、质量道德、质量行为规范和准则等的总和，是公司经营哲学的重要组成部分。铭利达积极通过各种途径、各种方式，有节奏、有组织地推进质量文化的传播。

质量文化是一种管理文化，也是一种组织文化。在质量改进活动中，它通过潜移默化的方式影响员工的思想，使员工产生对企业质量目标、质量观念、质量行为规范的“认同感”。在质量文化所形成的氛围中，员工为了得到领导和同事的认同而产生自我激励的动因，为实现企业的质量改进目标而努力工作。

铭利达的质量文化表现为以下三个层次。

（1）质量文化的物质层：通过企业的经营环境、员工的精神面貌、产品和服务的质量形象所表现，是质量文化的表层。

（2）质量文化的制度层：通过企业的质量组织、质量标准、质量法规、质量体系所表现，是质量文化的显层。

（3）质量文化的精神层：通过企业员工的质量意识、质量观念、质量精神所表现，是质量文化的核心层。

铭利达高层领导在积极践行公司质量文化的同时，还充当了质量文化宣导者的角色。高层领导通过担任内部培训讲师、读书推荐、在集团刊物和专业刊物上发表文章和文化案例、接受媒体采访等机会，传播公司的质量文化；同时，高层领导通过与客户开展业务交流、拜访重要客户、召开座谈会与供应商进行沟通等方式，大力宣传公司的质量文化。

为了更好地推进质量文化、质量管理流程、顾客特殊要求的灌输和执行落地，公司品质部定期组织开展各类培训和考试，并按照责任状的要求明确质量主体的责任。董事长陶诚先生率先垂范，带头宣誓。

2. 体系建设

2008 年公司导入质量管理体系、环境管理体系、职业健康安全管理体系、知识产权管理体系，2019 年导入和实施卓越绩效管理模式。通过各体系的贯标融合和内部流程梳理、打造，逐步形成了一套具有铭利达特色的管理体系。该体系包含战略层、经营层、支撑层三大层级，按 20 个管理模块进行模块化构建。

结合管理系统的复制管理要求，公司对各地工厂进行管理标准化的复制和推进；同时各个管理模块也按照操作落实方式建立了不同的操作管理手册或指导书；按实际情况逐步进行 IT 化承接，目前已在人力资源、日常审批、条码追溯、物料购买、批次管理等方面形成了一系列的信息管理系统，如东宝 HR、ERP、三码合一、产品质量追溯管理等信

息系统。

公司各地工厂按不同的产品类别、不同的行业要求进行了贯标认证。目前公司拥有质量管理体系、环境管理体系、职业健康安全管理体系、两化融合管理体系等各种体系的认证证书，三大基地即将完成德国VDA 6.3、ISO 17025、RBA 等体系认证。

（二）质量安全

公司建立了质量管理流程和体系，以质量手册和程序文件为纲，明确企划、研发、采购、制造、销售、服务等环节的质量管理规范和要求，持续提升质量管理体系的保障能力。

为防范风险，推动和确保持续经营，公司成立了合规风控部，并建立了有效的控制风险的管理系统。通过制定《质量手册》及其配套的流程和制度，不断培育和增强各部门特别是对外核心业务部门的风险意识。公司坚持对战略、财务、市场、运营、法律、安全、环境、质量等方面的潜在风险进行系统识别、评估，并有针对性地策划控制措施，提升对内外部环境风险的应对能力和管理能力，保证战略目标的顺利实现。

公司建立了企业质量诚信评价制度，对质量诚信推动与执行情况进行不定期监督和评价。在监督评价过程中发现违反质量诚信承诺和规定的行为时，按照质量一票否决制进行问责。

公司实行过程审核制度，按照80%的过程审核符合率进行现场工厂及交付基地的过程审核评价，对过程审核符合率低的工段和部门实施改进。

（三）质量水平

公司基于多年的技术研发实力和积累沉淀，抓住了从 OEM 向 ODM 转变的市场机遇，抢先布局，通过技术预研、产学研合作及与专业学院成立研究院等，掌握先进技术和工艺及核心材料技术等，在新能源市场的较量中一举夺魁，并与 TESLA、BENZ、AUDI 等国际知名主机厂建立了战略合作关系。

公司全面导入 TQM 质量管理理念，建立了独立和完善的质量保证体系和质量考核体系。通过加强产品实现过程的质量监督，促进和确保流程实施的有效性，实现持续改进。目前，公司各项质量考核指标表现良好，质量管理水平正从“预防”级向着“完美”级全面推进。

三、创新

（一）技术创新

公司秉承创新驱动发展战略，加快推动压铸行业标准的制定，实现将标准、专利与管理有机结合，积极探索和切实践行以“技术创新、效率驱动、标准管理”引领高质量发展的管理模式，推动我国压铸及精密结构件领域知识产权的建设和行业的健康发展，为建设创新型国家贡献自己的力量。

1. 创新平台建设

公司依托自有研发平台，与江苏大学、北京航空航天大学、南方科技大学、华中科技大学、东莞理工学院等多所高校及学术机构紧密合作，搭建了专注于精密结构件压铸成型研发与产业应用的团队——“铭利达新能源汽车铝合金精密结构件特种制造技术创新团队”，筹建新能源汽车铝合金精密成型应用基础技术研究平台、技术服务平台、人才引进与培养平台、产学研合作与交流平台。

公司以创新体系建设为核心，以“联合一流的大学、科研机构，聚集一流的高端人才，创造一流的科技成果，培育一流的高科技企业”为发展策略，致力于打造结构件、光伏新能源结构件等科技成果的策源中心、行业技术进步的促进中心、企业的技术和产品创新中心。

公司技术研发人才和团队实力雄厚，旗下拥有新能源汽车铝合金精密结构件特种制造技术创新团队，1 个科研实验室，2 个省级研发中心，1 个广东省博士后创新实践基地及数十个产学研合作团队。

2. 建立检测中心

铭利达检测中心。重点采用“光－色－热－质－元－化”联用技术，能快速对金属材质或塑料材质等产品或样品进行成分定性定量分析。分析项目包括成分分析、元素分析、异物分析、配比分析、对比分析、未知物分析等。

缺陷检测中心。采用无损检测技术，利用射线、超声波、磁粉、激光、红外、液晶等方法对试件或产品的质量和性能缺陷，如形状、尺寸、位置、取向、内含物、残余应力给出全面、准确的评价，并结合成像技术、自动化技术、计算机数据分析和处理技术等，以及材料力学、断裂力学等知识，给出定性或定量的分析结果。

力学测试中心。通过检测产品或样品承受各种外加载荷（拉伸、压缩、弯曲、扭转、冲击、交变应力等）时所表现出的力学特征，帮助企业或客户证明其产品或样品的耐用性、稳定性和安全性，从而获得竞争优势。

环境测试中心。通过模拟不同的环境（温度、介质、湿度），检测产品或样品的可靠性。例如，在利用盐雾试验设备所创造的人工模拟盐雾环境下，或者高温高湿环境下，检测产品或样品与金属材料的耐腐蚀性能。

3. 创新人才及团队管理

公司搭建了东莞市院士工作站和广东省博士工作站，通过《中国压铸》等刊物、相关协会、专业机构等渠道收集信息，掌握全球压铸最新技术发展情况及顶尖人才动态，网罗了包括俄罗斯科学院院士、长江学者、百人计划学者、张涛团队、世界知名院校专家在内的海内外科技精英，组建了一支强大的研发创新团队。

（1）成立技师工作站。作为一家高新技术企业，铭利达尤为注重学习型企业的建设。公司发起成立了企业技师工作站并获得了政府认可，着力打造以人才培养为特色的企业、行业内全球最前沿高新技术领域的全学科综合发展的创新型平台。

（2）打造产学研团队。铭利达依托自主研发平台，与江苏大学、华中科技大学、南方科技大学、北京航空航天大学、深圳大学、华南理工大学等数十家著名高等院校和科研机构共同培养高层次人才和全球最前沿高新技术领域人才，打造了一流的产学研团队，为企业及全产业链培养、输送了国际化的高素质人才。

（3）保障研发投入。公司重视研发建设，每年投入大量资金购入国际先进的研发设备及生产设施。每年研发投入多年来保持在营业收入的

3%~5%。

4. 健全知识产权管理体系

铭利达高度重视知识产权工作，切实落实知识产权管理已成为公司的重要战略举措。公司提出“知识产权驱动创新”的理念，建立了完善的知识产权工作管理网络。知识产权管理部门负责专利、著作权、集成电路布图设计等知识产权的申请和维护，从研发立项开始对项目技术信息进行收集整理、挖掘专利、检索分析并形成报告，建立专利数据库。在项目各阶段及时跟进申请专利或著作权等，保证自主创新知识产权成果得到可靠的保护。通过建立专利风险防控和市场监督体系，如在专利风险防控方面建立专利侵权规避检索制度、专利分析预警制度及专利侵权风险应对制度，在市场监督方面建立专利维权制度与标准，特别是针对不同的潜在或确实侵权主体以及不同的侵权事宜建立不同的处理标准，有效地保证了自主创新知识产权得到法律保护，维护创新成果处于行业领先水平。

5. 技术创新成果

（1）取得多项技术专利并参与标准制定。从技术专利数量来看，铭利达已成为行业的领跑者。截至 2020 年 8 月，铭利达已申请国内外专利 415 项，获得授权专利 220 项。在压铸及金属制造领域，铭利达专利申请量居同行业前列。2020 年，铭利达“冲模装置”项目荣获中国专利奖优秀奖，专利“压铸模具”获得广东省专利奖优秀奖。近年来，铭利达积极参与 4 项相关国家标准的制定，其中 1 项已经正式发布。

（2）产品技术业内领先。多年来，公司技术中心在模具、压铸、塑胶、机加、铝型材挤压、表面处理等领域进行了深入研究，积累了丰富的经验，并取得了丰硕的研发成果，研究开发与创新水平在同行业中处于领先地位。2017—2019年，公司技术中心共完成技术开发27项，均已成功转化。

（3）拥有多项代表性项目。包括精密压铸件高效智能化作业装置研发项目、汽车中控台用高强度压铸结构件研发项目、新能源汽车电池托盘高精度薄壁件压铸成型技术研究项目、汽车轻量化铝合金压铸成型精密结构件产品质量在线检测关键技术及其无痕脱模结构研究项目、新能源汽车铝合金精密结构件超高真空压铸成型关键技术研究项目等。

（二）管理创新

公司以卓越绩效管理模式为框架，以技术创新为核心驱动，以流程效率提升、体系规范和标准化管理为抓手，加强过程方法整合和管理体系融合。在系统规范标准化的基础上，建立了一套完整的由管理手册、管理标准构成的企业文化管理体系及管理平台。通过促进内部流程的进一步改进，深度完成作业指导文件的优化，建立过程和结果监控指标体系，并通过信息管理系统实现过程的高效运作、数据的全面采集分析和绩效提升。

除搭建以上的创新管理体系外，公司还积极导入精益生产、QC小组、合理化建议、清洁生产、安全生产标准化等进行管理上的改进与创新，都取得了良好的绩效和示范带动效果。

（三）创新价值

2017—2019年公司获得多项荣誉，具体如下。

国家级：国家高新技术企业、国家知识产权优势企业、第二届中国铸造行业压铸件生产企业综合实力50强企业、中国铸造行业有色及压铸分行业排头兵企业、国家标准《GB/T 21269—2018冷室压铸机》制定和修订企业、第四届中国创新创业大赛（广东赛区）优秀企业。

省级：广东省第七届专利奖优秀奖、广东省专特精新中小企业、广东省制造业优秀企业（2019年度）、广东省守合同重信用企业（2019年度）、广东省知识产权示范企业、2018年广东省优秀信用示范企业、广东省博士工作站、省级企业技术中心、2018年广东省智能制造试点示范项目、广东省高成长中小企业、广东省优秀信用示范单位（2017年度）、广东省高精密压铸件智能制造工程技术研究中心。

市/镇级：东莞市院士工作站、东莞市技师工作站、东莞市“倍增计划”试点企业、东莞市高精密压铸件智能制造工程技术研究中心、东莞市专利优势企业、疫情防控爱心企业、清溪镇2019年度纳税前二十名内资企业、清溪镇2019年度先进民营企业、2018年度清溪镇平安文化建设优秀企业、2013—2018年清溪镇年度纳税前二十名民营企业、两化融合管理体系认证企业。

2017—2019年公司成果转化如表14-1所示。

表14-1　2017—2019年公司成果转化

序号	成果名称	转化年度
1	汽车用轻质合金行车记录仪外壳高真空压铸成型工艺	2019
2	高效导热散热器外壳压铸成型工艺	
3	安防用精密抓拍机外壳模具结构	

续表

序号	成果名称	转化年度
4	新能源汽车用分体式超大电池包壳体焊接工艺	2019
5	新能源汽车中控系统箱体模具结构	
6	聚光模块外壳的无顶针痕脱模结构	2018
7	高导热率铝合金的热处理工艺	
8	操作屏壳体用两板模强制锁模结构	
9	监控器外壳制造及其防腐工艺	
10	太阳能逆变器配件热处理工艺	2017
11	水晶石 3K 机箱箱体压铸模抽芯孔局部挤压结构	
12	轻量化合金压铸件模具产品镶件结构	
13	基于细长柱位填充优化机构的支架球套用合金精密铸件压铸模具及其超低速压铸技术	
14	基于斜齿轮取模机构的集成式电池箱盖板压铸模具及其压铸工艺	
15	新能源汽车电控总成箱体一线流智能加工技术	
16	高精度水晶石箱体压铸工艺	
17	压铸箱体成套模具结构及其去水口工艺	

四、品牌

（一）品牌建设

为适应发展需要，增强核心竞争力，公司设有专门的品牌管理部门，一方面通过优化品牌管理模式，塑造公司形象，另一方面通过打造一流的品牌建设团队，增强公司品牌的生命力。

公司着力建设自有品牌，目前拥有“铭利达”品牌。

品牌目标定位：成为国际领先的科技型一站式制造方案提供商。

公司以技术创新为动力，坚持以市场结果为导向的管理理念和原则，秉承“创全球品牌，造百年公司”的企业宗旨，实现从产品话语权到产业链话语权的能力过渡。通过持续有效地提供有竞争力的结构件产品、服务和技术解决方案，致力于成为国际领先的科技型一站式制造方案提供商，并持续为客户创造最大化价值。

铭利达品牌建设推进措施如表 14-2 所示。

表 14-2 铭利达品牌建设推进措施

序号	措施	具体说明
1	制定品牌战略	高层领导制定品牌发展战略，坚持走差异化道路，创全球品牌，造百年公司；确立品牌目标定位：成为国际领先的科技型一站式制造方案提供商
2	建立并运营品牌建设管理体系	高层领导对品牌、产品、终端建设、渠道建设、客户管理、销售规划等提出总体规划

续表

序号	措施	具体说明
3	配置资源	设置专项费用对品牌进行维护和升级，配备强大的企划团队，组织培训，结合新品发布会、展厅等，提升品牌影响力和美誉度
4	重视保护品牌资产	设立展厅，创办铭利达家园期刊，传播企业文化；为品牌注册商标，为产品申请专利
5	创新产品和服务，超越市场期望	根据市场需求和数据分析，将顾客需求转化为产品和服务

通过连续多年不间断地参加各种海内外产品服务展示和品牌传播活动，公司成功地提升了知名度，并树立了良好的品牌形象。公司通过建立贴近市场和客户的机制，及时掌握市场需求的动态变化情况和技术发展趋势，促进企业技术创新和产品研发紧跟客户的需求变化和最新的技术方向。公司始终保持产品质量的领先优势地位，确立了在行业技术领域的领跑优势和位差，有效地促进公司迅速成长为领先于国内同行的优秀企业，品牌效应显著。

（二）品牌价值

公司获评广东省守合同重信用企业、广东省优秀信用示范单位、广东省优秀信用示范企业、广东省机械工业质量与品牌建设标兵单位、广东省优秀品牌示范企业、中国铸造行业有色及压铸分行业排头兵企业、第二届中国铸造行业压铸件生产企业综合实力 50 强企业。

五、效益

（一）经济效益

公司一直坚持创新驱动发展的思路，在经营管理方面不断提升和规范，持续引进国际、国内同行业的高标准，积极提高企业整体素质和竞争实力。

2017—2019 年，公司经营发展势头迅猛，实现高速跨越式发展，主要战略及财务指标均呈现非常良好的水平和发展趋势。具体来看，2017 年实现销售收入 4.60 亿元，2018 年实现销售收入 7.38 亿元，2019 年实现销售收入 12.00 亿元。

（二）社会效益

纳税是铭利达承担社会责任最核心的表现，也是企业核心价值观最集中、最生动的体现。2017—2019 年，公司累计纳税 5861.35 万元，被中共东莞市清溪镇委员会、清溪镇人民政府列为“年度纳税前二十名内资企业”。

作为压铸领域的龙头企业，公司长期从事精密结构件设计、研发、生产及销售，坚持以产品研发、模具设计和工艺优化为核心，以精密压铸、冲压以及注塑技术为基础，为光伏、安防、汽车、消费电子等各领域客户配套提供多类型质优价美的精密结构件产品。公司自主研发的系列汽车纵梁产品在 2019 年上海展览大会上获得了业内企业及客户的一致赞赏，被授予“金奖”这一最高荣誉。

公司秉持感恩、回报社会的理念，积极践行企业公民的社会责任，投身于各项社会公益事业。根据当地实际，公司因地制宜地实施各项帮扶措施，在教育扶贫、兜底保障、健康扶贫、社会扶贫等方面，主动为社区、为公共事业奉献自己的力量。公司还积极号召全体员工奉献爱心，把温暖传递给身边需要帮助的人。未来，公司将按照既定的公益策略和工作重心，以更积极的姿态履行社会责任，一如既往地支持社会公益事业。

15

豪顺精密科技：质量管理实践总结报告

一、组织概述

东莞市豪顺精密科技有限公司（以下简称豪顺或公司）成立于1998年，注册资金6600万元，占地10万平方米，建筑面积7.1万平方米，年产值近10亿元。截至2019年底，公司已拥有5个现代化生产基地，除安徽滁州基地外，其余东莞总部基地均已投产。

公司是一家专业经营新能源汽车精密组件、智能家电精密配件和光电模组的国家级高新技术企业。多年来，公司通过供应链的改进完善不断提升自身服务质量，从产品设计到加工制造、生产包装以及物流配送的全产业链各环节，公司均能自主完成，成为华南地区最大的电视机背板生产基地和领导企业。公司主要服务于电视机背板、汽车结构件、灯条制造等行业客户，是创维、康佳、小米、TCL、华为等行业领先品牌的战略合作伙伴。公司本着“以技术创新求发展，以服务创新求生存”的研发理念，充分开展产品技术创新工作，是20多家行业协会的会员单位，被认定为国家高新技术企业，获得创新大赛优秀组织奖、科技进步奖等荣誉，并成为东莞市2019年“倍增计划”试点企业之一。

公司一直秉承“诚信、共赢”的经营理念，坚持以“在每一台知名家电与汽车的背后都能看到我们的身影”为企业愿景，以“聚焦家电与汽车需求，提供有竞争力的解决方案与产品，持续为客户创造价值”为企业使命，以“诚信、共赢、简单、有效”为核心价值观，将“客户满意是我们永恒的追求”作为质量方针。公司成立了广东省精密五金模具（豪顺）工程技术研究中心，拥有完善的工程综合配套试验条件、专业产品检测中心和专业科技队伍，成为多家知名企业的战略合作伙伴。同时，与华南理工大学、南昌大学、广东工业大学进行全方位的产学研合作，长期致力于降低客户采购成本，提升技术水平和质量，持续为社会和企业创造价值。

公司通过了ISO 9001质量管理体系认证、ISO 14001环境管理体系认证、IATF 16949汽车质量管理体系认证、QC 080000有害物质过程管理体系认证、ISO 27001信息安全管理体系认证、ISO 45001职业健康安全管理体系认证和知识产权管理体系贯标认证，以科学和规范化的管理生产高品质的产品，在国内市场上形成了强劲的竞争力。

二、质量

公司按照ISO 9001：2015《质量管理体系 要求及使用指南》的要

求，设计质量管理工作流程，制定《质量管理手册》等各项管理制度，开展质量管理体系建设工作。公司积极导入卓越绩效模式，创建了独具特色的质量管理体系。随着质量管理体系的运行与改进，公司质量管理的符合性和成熟度得到提高，有力地支持了公司战略的达成和愿景的实现。

（一）质量发展

自1998年成立以来，公司高瞻远瞩，以“诚信、共赢”为经营理念，为保证产品质量的一致性，全力以赴为客户创造价值。公司紧跟时代发展的脚步，多角度思考，树立可持续发展的思想，保证质量管理体系持续改进，逐步打造企业的超强核心竞争力。公司质量管理体系发展历程如图15–1所示。

公司在质量管理的过程中，始终坚持将改善质量管理体系作为基础性工作，不断完善“质量管理三部曲”，即质量策划，质量控制、质量改进（质量保证）。同时，始终与质量战略、质量方针、质量目标和各质量管理体系运行保持协调一致，不断提升产品质量，满足客户需求，为公司持续发展提供推动力。

随着各种质量管理体系的不断完善，公司实现从产品单一化向全品类发展，从质量检验阶段向质量控制阶段，进而向全面质量管理阶段迈进，从产品质量向营运质量转变，从优秀质量向卓越质量转变。在不断探索的过程中，公司开创出自己的产品质量管理流程模式，多次参与行业协会和政府部门举办的技能比拼，并于2020年荣获创新东莞科学技术奖和科技进步奖。

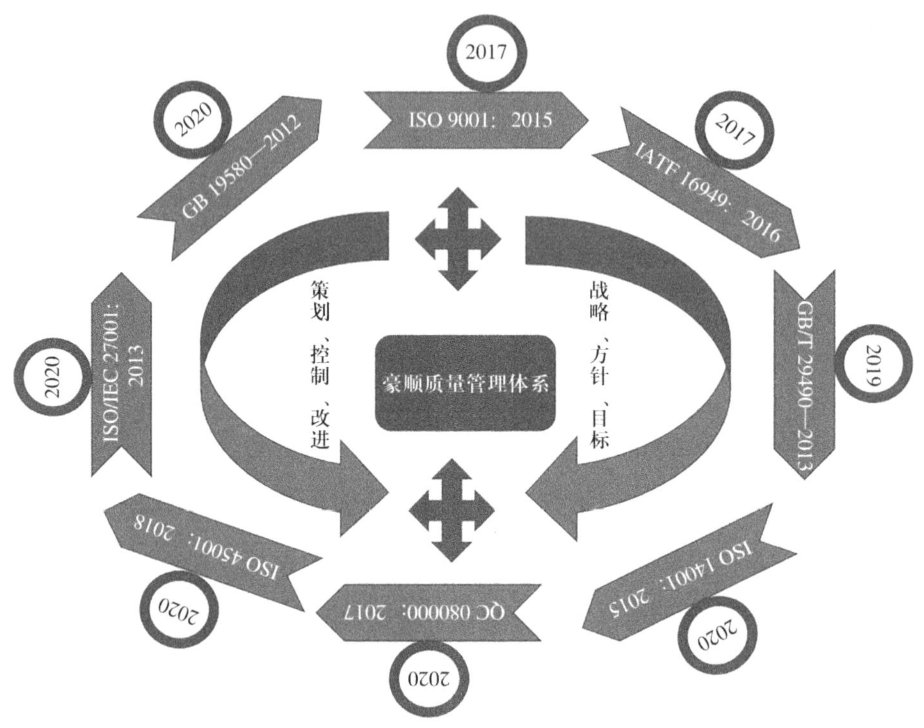

图 15–1　公司质量管理体系发展历程

公司始终坚持“客户满意是我们永恒的追求”的质量方针，贯彻 ISO 9001 质量管理体系的要求，全方位实施质量管理方法，重视事前预知和事中监控，确保过程可控、能控，保证监测数据的有效性。

公司高层领导在公司发展过程中始终以身作则，带领全体员工以巨大的热忱共建、共享平台，为经济和社会发展做出贡献。公司强调“以人为本，关注员工身心健康”的企业文化，并发出“豪顺作为勇于担当社会责任的企业公民，要以客户为中心，通过科技创新，实现节能减排和清洁生产，为客户提供更安全、健康、低碳、环保、卫生的产品，谋求人和自然环境健康和谐共存，实现地球生态环境的可持续性发展，让顾客生活得更好，让中国更美丽”的环境保护宣言，从而为公司的进一步发展奠定了坚实的基础。

（二）质量战略

公司建立了完善的战略管理系统，通过“战略分析→战略制定→战略实施→战略监测与校正→战略调整”的闭环管理模式，科学制定总体战略及战略目标，并形成关键绩效指标。公司对战略目标进行分解，根据需求合理地配置相关资源，并开展 OGSM 全面预算管理，实现各项战略举措的有效部署。公司结合战略发展需要，制定了三年质量发展战略，并进行各种战略规划和部署。

（三）质量文化

1. 形成具有特色的质量文化

公司建立了独具特色的质量文化，这是对企业文化的完善。质量文化体现在一体化管理体系中，体现在公司的所有规章制度中，也体现在公司的质量管理活动中，如质量策划、质量文件编制、物料采购、质量会议、标准执行、质量标志设计、品牌形象打造等。

2. 创造有利于质量文化建设的环境

为推进质量文化建设，以优秀的质量文化统一员工思想，凝聚员工力量，公司努力营造有利于质量文化建设的内外部环境。一方面，组织员工开展形式多样的质量改进活动，提高员工对质量的认知，营造人人追求高质量的氛围。另一方面，通过质量部门、生产部门、业务中心以及研发部门的努力，实现高质量产品的研发、生产与销售，向外展示企业质量文化，推动实现企业质量文化建设的各项目标。

3. 在公司内外部大力宣传质量文化

公司采用以下方式向合作伙伴、客户和其他利益相关方宣传公司的质量文化：一是通过经营分析会、股东会、董事会等向股东、董事传递公司的质量文化；二是通过社交软件、邮件、电话咨询、技术交流、商务洽谈、供应商质量评审、专业论坛、定期的客户回访、客户满意度调查、年度供应商表彰大会、篮球友谊赛等，向投资方、客户、合作伙伴和其他利益相关方传递公司的质量文化；三是通过厂区宣传栏、公司网站、微信公众号等平台向社会大众宣传公司的质量文化；四是张贴员工意见反馈二维码，定期开展员工座谈会，对异常行为进行监控和风险揭示等，对企业内部员工宣导质量文化，形成文化共识。

（四）质量管理机构

公司建立了健全的质量管理机构，制定了所有部门的质量管理职能和所有岗位的质量责任，各岗位的质量责任体现在岗位说明书中。

（五）基础能力管理

1. 有效实施质量、环境、职业健康安全管理体系

公司从成立伊始就注重质量管理体系的建设工作，坚持建立、运行、优化、整合，强化质量管理体系的运行实效。结合公司发展战略，逐步导入 IATF 16949、ISO 9001、ISO 14001、ISO 45001、ISO 27001、QC 080000 管理体系和卓越绩效模式，通过健全和优化组织结构、明确权责、规范运行，保证体系在产品实现全过程的有效性。

2. 开展标准化体系建设

公司成立了标准化责任部门，建立了标准化组织架构，包括标准化归口部门质量中心，规划了标准化战略和年度工作计划，实施了企业标准化体系自我评价，编制了标准化体系自我评价报告。

3. 配备自动化先进检测设备

公司重视检测结果的准确快速，配置了齐全的先进检测设备，可以检测公司的物料、半成品和成品，提升了公司对产品质量的控制能力，提高了产品的质量和行业竞争力。

4. 开展质量管理信息化建设

公司引进了 MES 系统、U9 系统和石墨文档。MES 系统的应用实现了生产过程的主动管理和质量控制，提高了公司的生产自动化程度，节省了人力，同时使产品质量大幅提升，不良率、废品率及材料误用率明显下降。U9 系统是企业内部业务管理系统，涵盖财务、供应链、生产制造，该系统的应用有利于打破信息孤岛，实现物流、信息流、资金流的统一管理和实时监控，解决内部信息不通畅造成的管理困难，保障相关数据和绩效监测的有效性和真实性。知识共享平台石墨文档的应用实现了企业文档共享以及文档内即时沟通，避免了文档多人传递造成的版本错误，节省了企业成员的沟通成本。

5. 加强售后服务

公司高度重视顾客投诉，专门成立了质量客服科处理顾客投诉及跟进内部整改。公司按照《客诉管理办法》的要求，日常跟踪产品和服务质量情况，及时获取客户反馈信息以用于改进。公司通过建设相关的信息系统，不断规范顾客投诉及退货工作流程。

（六）质量教育

公司以人为本，始终奉行“公司的竞争是人才的竞争”理念，建立了科学的质量专业技术人员管理体系，重视质量教育和质量人才培养，取得了显著的成效。

1. 质量培训

公司依据目前的发展状况制定了《培训管理制度》，规定了各部门的工作职责，规范了培训的工作流程，为培训考核和评估工作的开展提供指导。从入职培训到上岗培训再到技能提升等相关培训，员工在豪顺的职业生涯中需要经历大大小小多个种类的培训，帮助员工养成学习习惯，助力员工快速成长，同时使人岗匹配程度更高。在各类培训中，公司尤其重视质量培训，不断提高员工的质量意识，丰富员工的质量知识，从而促进公司产品和服务质量的持续改进。

2. 专业技术人员培养与使用

公司重视专业技术人员的培养与使用，拥有一大批熟练的技术员工。公司实施岗位资格认证制度，国家规定需要资格证的，必须持证上岗，非国家规定的，则实行公司内部认证，通过内部认证后才可正式上岗。公司在日常工作中建立了绩效考核制度和相应的激励制度，保证了工作的高绩效。

（七）质量安全

公司高层领导高度重视产品质量安全，并积极承担质量安全主体责任。在组织架构上，公司成立了质量部，负责对产品质量安全工作进行规划、指导和监督；同时建立了全过程的质量安全管理机制，在涉及来料、制程、工艺、包装、出货、运输等的相关部门均设置了相应的质量安全管理小组或岗位，对产品质量安全管理工作行使主要决策权。

1. 履行质量安全责任

公司建立了完善、有效的质量安全责任体系，由总经理对质量安全负首要责任，质量部部长对质量安全负直接责任，并确保公司质量相关部门、相关人员都能明确他们的具体工作，明确各自应承担的责任和权力范围，做到专人专职专责、做事有标准、考核有依据。公司把与质量有关的各项工作同广大员工的积极性和责任心结合起来，形成一个严密的质量管理工作系统，一旦发现产品质量问题，可以对产品迅速进行围堵拦截，查清质量责任，总结经验教训，更好地保证和提高产品质量。

公司实施质量安全控制关键岗位责任制，质量部对质量安全行使主要决策权，并将该制度与质量考核及岗位质量规范等相关制度挂钩。公司依据 ISO 9001：2015 建立了质量管理体系，制定了《风险和机遇控制程序》《不合格品控制程序》《法律法规及合规性控制程序》《产品检验控制程序》《产品审核控制程序》《持续改进控制程序》《应急准备与响应控制程序》等管理制度和工作标准。通过制度与工作标准的执行与改进，确保公司不发生质量安全事故。

2. 坚持质量诚信价值观

公司坚持“诚信、共赢、简单、有效”的核心价值观，稳步发展，做精做强。经过公司全体员工的不懈努力，目前公司在国内五金冲压行业已占据领先地位。

公司规范采购制度，完善管理体系。根据采购管理“成本效益、质量优先、公平竞争”的原则，制定了《采购管理程序》《供应商管理程序》《供应商行为准则》《进料检验规范》《特采放行管理办法》等相关文件，对采购行为进行规范。

公司实施供方绩效评价体系，对过程因素进行控制和测量。新进供应商均需提供《供应商调查表》《供应商基本资料》。每月对供应商从质量、价格、交期、配合度四个方面进行考核，形成《供应商评分表》，根据评分结果将供应商分为A、B、C、D四个等级。供应商出现质量问题时，由供应商质量工程师开具《质量扣款单》，并要求供应商出具整改报告。另外，根据《供应商审核计划表》，按照计划从体系管理、供应商管理、制造过程管理、仓储运输管理等10个方面对供应商进行年度考核，形成供应商审核记录表，为评选优秀供应商提供依据。

3. 重视质量风险管理

公司依据ISO 9001：2015质量管理体系的要求，建立了风险管理体系，制定了《风险和机遇控制程序》。公司定期评估质量安全风险，制定应对方案，增强了公司的风险意识，规范了公司的风险管理。

（八）质量水平

公司拥有完善的质量管理体系，在一站式生产中，将质量要求融入各生产工序中。各级人员以质量方针为指导，严格遵守规程，大力提高产品质量水平。公司的主要产品包括电视机背板、汽车结构件和灯条等，全部性能指标均优于国家标准或行业标准，获得了广泛好评。

1. 关键指标变化趋势优良

2017—2019年，公司电视机背板、汽车结构件、灯条等主要产品

的质量性能指标保持了较高水平，产品质量整体水平呈现逐年上升的趋势。其中各类产品的“出厂检核合格率”“客户投诉次数”“产品交货率”“交付周期”“客户服务满意度”等指标的变化趋势均有优良表现。

2. 主要产品的性能指标整体优于竞争对手和标杆

电视机背板的大部分性能指标优于竞争对手和标杆，产品质量处于行业领先水平。汽车结构件的主要性能指标与竞争对手和标杆的水平基本持平，部分指标优于竞争对手。灯条的主要性能指标在与竞争对手和标杆的比较中处于领先水平。

3. 主要产品所具有的特色及采用的创新成果

豪顺是高新技术企业，生产的高新技术产品包括电视机背板、精密五金模具、散热片等，这些产品都具有突出的特色，采用了大量创新成果。公司主要产品所具有的特色及采用的创新成果如表 15-1 所示。

表 15-1 公司主要产品所具有的特色及采用的创新成果

序号	产品名称	主要特色	创新成果
1	电视机背板	可降低承载导光板时所产生之局部应力集中，进而改善整体背光模块与液晶显示器的可靠性	ZL201310714991.5 模组背板包装定位柱 ZL201510285052.2 一种显示屏背板组件的自动冲压模具 ZL201621446261.7 一种背板用转角护套 201721452725.X 一种新型凸点定位结构 201720817567.7 一种薄板铆合结构 201720942052.X 一种冲压拉深件翻边定位结构 201610580661.5 一种拉深模具和拉深方法

续表

序号	产品名称	主要特色	创新成果
2	防有害蓝光LED灯	本产品的荧光层能有效减少蓝光溢出，从而减少蓝光，进而减少对视网膜有害的短波长蓝光	ZL201721429044.1 一种蓝光 LED 灯 ZL201720419079.0 一种 LED 灯条用的薄膜包装机 201711033525.5 一种蓝光 LED 灯及其制造工艺和应用
3	精密五金模具	一次成型方式大大地提高了工作效率，且冲压出来的产品精度高、稳定性好	ZL201510285052.2 一种显示屏背板组件的自动冲压模具 ZL201510285932.X 一种设置有压块和浮升块的模具结构 201620674599.1 折弯模具 ZL201110400944.4 模具冷却结构及模具 ZL201510782351.7 一种直接在产品上铆螺柱的模具 201620674557.8 板材以及板材切边模具 201620673843.2 一种切边可调的切边模具
4	散热片	生产效率高，散热性能好	ZL201520359745.7 一种自动压引脚系统 ZL201520335786.2 散热片引脚铆接机 201520909702.1 一种防堵料的铝料冲孔模具 201510285537.1 一种自动压引脚系统 201620674600.0 一种插针及插针与散热片的安装结构

4. 客户满意度稳步上升

依据相关国家标准，公司科学、规范、客观地开展了客户满意度测评，结果显示公司产品的市场认可程度高，客户满意度和忠诚度达到同

行业领先水平，且呈稳定上升趋势。

公司依据 GB/T 19038—2009《顾客满意测评模型和方法指南》并结合行业特点与公司实际，建立了《顾客满意度控制程序》，按质量管理体系文件的要求实施并持续优化，确保公司客户满意度调查方法科学高效，指导公司根据客户满意度情况实施改进。

三、创新

公司根据 IATF 16949 汽车质量管理体系建立了创新管理体系，并将其整合进公司的一体化管理体系。通过科学先进方法的指导和持续的改进，公司在技术创新、管理创新等方面保持了竞争优势。公司被评为国家高新技术企业、省级企业技术中心，获得了创新大赛优秀组织奖、创新东莞科学技术奖等众多荣誉。

（一）技术创新

公司的技术创新主要是工艺创新和工艺的改善。公司将技术创新作为提高质量的抓手，应用新技术、新工艺、新材料、新方法，研发制造出高品质的创新性产品。公司敢于创新，永远做行业的第一个吃螃蟹者，以高品质服务客户，以新技术立足市场。公司建立了先进、高效的技术创新体系，研发投入、创新能力和拥有的核心技术居国内同行业前列，拥有重大突破性技术创新成果。

1. 构建技术创新体系

公司建立了技术创新的激励机制、决策机制和管理机制。

提供员工提案通道，鼓励员工对工作中发现的技术和工艺问题提出有建设性的意见和建议，并提供奖励。

成立研发中心作为日常管理机构，开展新品项目的研发和管理，并坚持以自主创新为主，采用自研、自创、自完善的研发方式。

将对外技术合作与申报政策支持项目相结合，有效整合、充分利用内外部研发资源，实现互帮互利的双赢创新。

树立“没有创新就没有进步”的管理理念，将技术创新分为模具创新、工艺创新、自动化创新，实施模块化管理；以提升技术创新体系运行的实效为目的，创新科技管理制度体系，用制度的不断创新保证体系管理规范、高效、科学；以技术薪酬化、成果市场化为引导，建立研发人员绩效评价体系、研发人员薪酬体系、技术奖金多种形式互动并存的长效激励机制，加速科技进步；以技术创新能力指标为手段，建立与KPI指标挂钩的责任考评机制，有效促进自主创新能力的提升；以技术创新能力评价为手段，建立不断完善、改进技术创新体系的评价机制，确保体系适应、满足公司快速发展的需要。

公司在自主创新及产品研发方面取得了丰硕成果，多项技术达到国内先进水平。公司主要研发成果及技术水平如表15-2所示。

表15-2 公司主要研发成果及技术水平

序号	研发成果名称	对应的专利/软件著作权情况	技术水平
1	一种蓝光LED灯及其制造工艺和应用	201711033525.5	国内领先
2	一种直下式背光LED灯条的生产工艺	201810496975.6	
3	一种便于脱料的显示器背板的模具	201810270353.1	

续表

<table>
<tr><th>序号</th><th>研发成果名称</th><th>对应的专利 / 软件著作权情况</th><th>技术水平</th></tr>
<tr><td>4</td><td>一种制备显示器背板的模具</td><td>201810271200.9</td><td>国内先进</td></tr>
<tr><td>5</td><td>一种凹 / 凸模板以及内 / 外脱料板材料可共用的复合模具、一种凹 / 凸模板以及内 / 外脱料板材料可共用的复合模具及其制备方法</td><td>201821624197.6
201811165225.7</td><td>国内领先</td></tr>
<tr><td>6</td><td>一种用于切除边角余料的侧切边装置及复合模具</td><td>201811160265.2
201821624194.2</td><td rowspan="2">国内先进</td></tr>
<tr><td>7</td><td>一种适用于大功率背光模组的复合型散热铝挤及其制备方法</td><td>201810798460.1</td></tr>
<tr><td>8</td><td>一种实现 HDR 分区的侧入式背光模组及液晶显示装置</td><td>201810798459.9</td><td rowspan="5">国内领先</td></tr>
<tr><td>9</td><td>一种抽拉式的直下式背光灯条光学效果测试装置</td><td>201820726788.8</td></tr>
<tr><td>10</td><td>一种分离薄板的简易工具及采用该简易工具快速分离薄板的方法</td><td>201711434433.8</td></tr>
<tr><td>11</td><td>一种新型空心件上口边缘折弯模具</td><td>20182162272.0</td></tr>
<tr><td>12</td><td>一种背板翻转机构</td><td>201711432717.3</td></tr>
</table>

2. 专利成果丰硕

公司在专利方面取得了丰硕成果，截至 2020 年 8 月，公司共获得专利授权 173 项，其中发明专利 22 项，实用新型专利 150 项，外观设计专利 1 项。公司通过了知识产权管理体系贯标认证，规范了公司专利的管理。2020 年，公司申请认定广东省东莞市专利优势企业。

3. 公司科技荣誉

近年来，公司获得了多项科技荣誉，具体如表 15–3 所示。

表 15–3 近年来公司所获科技荣誉

评价方	荣誉名称	颁发单位	颁发年度
行业协会、政府部门等	卓越绩效管理促进会会员单位	卓越绩效管理促进会	2019
	东莞市高新技术产业协会第一届会员单位	东莞市高新技术产业协会	2019
	科技进步奖	东莞市高新技术产业协会	2020
	广东省精密五金模具工程技术研究中心	广东省科学技术厅	2016
	东莞市创新方法推广应用示范企业	东莞科技进修学院	2016
	国家高新技术企业	全国高新技术企业认定管理工作领导小组	2017
	创新东莞科学技术奖	创新东莞科学技术奖评选办公室	2020
客户	东莞市优秀合作伙伴	广东永奥投资集团有限公司	2016
	最佳品质奖	创维 RGB 显示器件有限公司	2017
	2017 年度屏体维修战略合作伙伴	创维集团中国区域营销总部	2017

续表

评价方	荣誉名称	颁发单位	颁发年度
客户	攻坚克难奖	深圳创维 -RGB 电子有限公司	2018
	优秀合作伙伴	深圳创维 -RGB 电子有限公司	2018
	2018 年小米全球核心供应商	北京小米科技有限公司	2018
	最佳策略合作伙伴	北京小米科技有限公司	2019
	合格供应商	TCL 电子控股有限公司	2019

（二）质量创新

公司整合 IATF 16949、ISO 9001 等标准的要求，建立了质量改进与创新机制，发布了一系列制度、标准文件，如《持续改进控制程序》《风险和机遇控制程序》《纠正和预防措施控制程序》《数据分析控制程序》《建设项目安全管理程序》《合理化建议管理办法》《QCC 管理办法》等。

1. 实施质量攻关

质量改进项目数据与信息来源：从日常工作中发现的问题点、战略目标完成情况分析、行业的数据报表、内审报告、管理评审报告、外审报告、第三方调查报告、卓越绩效模式自评报告等中收集信息，进行分析、评价，确定质量改进项目。

质量改进的实施：按照“下达任务—跟踪检查—执行任务—总结汇报”的原则，建立了《持续改进控制程序》和《纠正和预防措施控制程序》等工作文件，对公司的各种改进与创新进行规范。改进与创新项目检查督促部门对计划实施情况进行检查督促，对改进项目的时间进度、完成质量、资源配置等进行检查，形成报告，提交管理层评审。

公司实施的改进活动如表 15-4 所示。

表 15-4 公司实施的改进活动

序号	改进层次	改进方法	改进计划及目标	实施过程
1	基层改进	合理化建议、QCC 项目、7S 管理	根据质量、效益、成本指标确定改进方向，调动基层员工参与改进	以一线班组、现场工艺、品质人员为主，持续推进合理化建议活动，每月汇总数据材料。建立规范的管理流程。成立 QC 小组，开展 QC 小组活动，改善现场品质及效率，现场实施 7S 管理
2	生产改进	提案改善	以生产制造系统为中心，针对效率和品质，运用生产线平衡、防呆防错、7S 等进行改进	1. 生产线平衡 2. 防呆防错工装夹具的设计、制作 3. 精益生产培训，全员参与、持续改善 4. 7S 及看板管理
3	管理系统改进	以流程管理、标准化管理及卓越绩效模式为框架的体系改进方法	收集、分析系统数据，根据分析结果确定流程改进方向；依据标准化管理和卓越绩效管理向管理层提供改进依据，提高组织绩效	1. 专人负责收集流程管理的意见，并组织研究调查 2. 实施标准化管理体系，建立技术、管理、人力三部分工作标准，实现生产的规范化和标准化 3. 通过自我评价持续改进

续表

序号	改进层次	改进方法	改进计划及目标	实施过程
4	工艺、技术改进	各部门通过IT、自动化、防错管理方法对技术、工艺进行改进	每年根据公司例行计划进行改进	按照改进计划，对人员进行专业工具使用方法的培训，并评价结果
5	市场改进	以客户满意为导向的持续改善	针对客户需求与期望，提升客户满意度和忠诚度	1. 每年定期对客户满意度进行调查 2. 每年针对产品进行市场调研 3. 提供客户体验服务 4. 健全产品售后服务体系
6	KPI 绩效改进	以战略目标为根本，以各部门 KPI 指标为基础，对各考核指标的合理性进行评价	通过日常报表系统，定期进行数据采集与分析，并通过考核后的评估报告提出考核改进意见，然后加以实施	在实施季度考核后，提供分析报告，提出改进及完善建议，并通过 LMP 系统跟踪措施的到位情况
7	MSA 分析	APQP/PPAP/FMEA/SPC 工具	使用数理统计和图表的方法对测量系统的分辨率和误差进行分析，以评估测量系统误差的主要成分	人员：技术中心人员 检测设备：所有检具和测量设备 产品：持续生产的稳定产品
8	SPC 统计分析	X–MR 图、X（平均）–R 图、X（平均）–S 图	在生产过程中通过数据的分析做预防性调整和维护，使过程达到受控的要求	提高生产过程验证能力，使过程更好地受控

续表

序号	改进层次	改进方法	改进计划及目标	实施过程
9	FMEA分析	APQP工具	评估产品或过程的潜在失效风险，分析失效的原因和影响，及早采取预防和探测手段，建议采取措施以降低风险	适用于产品试产、量产阶段，用来规避潜在失效风险的发生
10	8D改善报告	QC七大手法、5W1H分析	识别重复出现的问题，纠正和消除问题，帮助改进产品和过程	适用于产品试产、量产阶段，用来处理重复性问题点
11	质量月活动	QC七大手法、头脑风暴	通过技能比赛，形成学习氛围，带动提升员工意识	适合于全员参与，形成良好的企业文化和标准化作业
12	战略分析	SWOT分析、对标管理、差异分析	根据战略目标进行层次分解，制定具有科学性的绩效目标并实施	适用于战略制定、部署和调整，为公司快速发展提供更加清晰的目标
13	5W1H分析	QC七大手法、头脑风暴	对于选定的项目、工序或操作，都要从原因（WHY）、对象（WHAT）、地点（WHERE）、时间（WHEN）、人员（WHO）、方法（HOW）六个方面提出问题并进行思考	适用于分析客户质量投诉以及生产中的质量问题点

续表

序号	改进层次	改进方法	改进计划及目标	实施过程
14	精益生产	QC 七大手法、5W1H 分析、SPC 控制、八大浪费	企业以最少的投入获取最佳的运作效益和提高对市场的反应速度	应用于全员参与的生产过程改善以及生产效率提升
15	管理改进	分层法、管理程序评审	对各类管理流程进行优化，改善工序流程，处理管理漏洞和盲点	应用于业务流程的优化和管理制度的完善，以及 IT 建设
16	合作创新	APQP 工具、标杆比对	与专业机构、客户、供应商合作，共同改善质量，学习先进方法后再创新	在新品开发、科研创新方面相互学习与合作

公司建立了“绩效考评—绩效反馈—绩效改进创新”流程，测量并分析经营中的重要指标，通过改进推动绩效提高。公司以 PDCA 管理循环改善形式建立了纠正和预防措施控制流程，实施闭环管理，由专人对问题改善过程及效果指标进行跟踪确认，确保各项问题得到有效解决和关闭，从而提升公司精准化运营管理能力和核心竞争能力。

2. 开展群众性质量活动

为促进公司的改进与创新，培育员工自觉、自愿、自发、自主创新的氛围，公司每年召开创新表彰大会，全体员工参与，对为公司创新做出贡献的团队和个人进行表彰，激励员工持续创新，推动公司取得更高的绩效。公司根据质量、效益、成本指标确定改进方向，调动基层员工参与改进。为有效推动 QC 小组改善活动的普及和推广，激励先进，鼓励创新和改善，对表现优秀的 QC 小组、优秀成果、优秀个人、先进单位进行激励。

（三）管理创新

1. 优化产品结构和价格

公司对产品结构重新进行优化，即参考竞争对手的产品结构，结合企业经营定位，将本企业的产品按销售业绩进行 ABC 分类，加大 A 类产品比例，优化 B 类产品的结构，淘汰 C 类产品。在价格带管理方面，在参考竞争对手的前提下，根据畅销品、滞销品的销售态势进行价格调整及优化，最终达到最科学、最高效的管理效果。

2. 强化市场调查，学习品牌商场的价格策略

公司通过市场调查了解市场销售动态和促销信息，学习品牌商场各种优秀的管理方式和经营方式。市场促销产品的价格、敏感产品的价格都可以从市场调查中得到，从而对自身的经营管理决策起到参考作用。

3. 引进专业采购人才，创新供应商管理

引进优秀的采购人才的确可以使企业的采购工作更专业、更科学、更完善，也能直接提升企业的经济效益。专业采购人才通过对比供应商的产品价格和质量，从而找出最经济实惠的材料。同时，根据客户反馈信息，制定绩效目标，开展供应商培训和考核，并与其建立良好的合作关系，以满足公司发展战略的需要，实现互利双赢、共同发展。

4. 完善监管机制，用定量法控制腐败现象

公司健全相应的监管机制，通过对具有腐败可能的环节进行量化规

定，把一些价格空间、费用成本数量以及可产生经济效益的环节控制管理好，从而进一步加强公司廉洁与纪律管理，保证在公平、公正、公开、诚信、尊重的原则下开展工作。

（四）创新价值

公司的核心技术给公司及社会带来了巨大的经济效益和社会效益，显著提升了公司产品的市场竞争力和产业的技术水平。公司的核心技术确保公司在行业内拥有绝对领先优势，有效降低了产品开发成本，缩短了产品开发周期，提升了产品质量。公司核心技术带来的经济效益和社会效益如表 15–5 所示。

表 15–5 公司核心技术带来的经济效益和社会效益

序号	产品名称	核心技术	经济效益	社会效益
1	工艺简单防锈背板	对冷轧板的单面喷涂防锈油漆进行防锈处理	占收入的4.5%	该产品省去了现在惯用的操作复杂且污染大的镀锌工艺，减少了环境污染，实现了绿色环保
2	简易分离薄板工具	对小锯齿的齿尖倾斜设置，分解为向上的拉力	占收入的4.5%	该产品结构简单、易于加工，操作简易、快速，提高了分离薄板的效率，极大地节约了人力，促进了劳动生产安全，保障了职工权益
3	复合型散热铝挤	在腔体内成型增加具有相变能力的热管	占收入的4.5%	该产品一次成型，满足模组设计或者 HDR 需求，无须再进行 CNC 机加工，降低了生产成本，减少了加工生产废料

续表

序号	产品名称	核心技术	经济效益	社会效益
4	防有害蓝光灯条	采用波长平移的方式，减少灯条蓝光发光强度	占收入的10.0%	该产品减少了液晶电视或液晶显示的有害蓝光，减少了有害蓝光对人眼视网膜的危害，保护了消费者的视力，保证了消费者的身体健康
5	材料共用的复合模具	采用斜度线切割，控制凹凸模板的作用面	占收入的4.5%	该产品减少了约50%的模板材料用量，提高了钢材利用率，简化了加工工序，降低了模具成本，节约了社会生产资源

四、品牌

豪顺作为华南地区最大的电视机背板生产基地之一，在研发、制造和提供优质产品的同时，也非常注重品牌建设。

（一）品牌建设

公司在成立初期就对品牌建设进行了规划，并实施了一系列品牌经营行动。公司一直坚持以质量和技术支撑品牌，以优质的服务保障品牌，坚持走以技术创新提升质量的发展道路。公司不断改进完善供应链，在不断提升产品质量的同时，提升自身的技术和服务水平。从产品设计到模具加工、产品制造、产品检验、生产包装以及物流配送的全产业链各环节，公司均能自主完成，实现了产品质量最优、技

术领先，有效地降低了客户采购成本，提高了供货及时率，并提供优质的服务，提升客户满意度，从而提升自身品牌的整体形象及行业影响力。

公司通过上门拜访、市场集中走访、顾客反馈、展会、行业协会等多种方式或渠道了解顾客的需求和期望，改进产品工艺，完善产品服务，建立良好的客户关系，从而提高公司的品牌美誉度和忠诚度。公司通过客户拜访、售后服务等方式，收集市场与客户信息并及时进行监测，对有可能发生的品牌危机事件制定应急预案，变危机为商机或减少对公司品牌的影响。公司还通过定期的月度总结会，对品牌建设成效进行评价，识别改进机会。

（二）品牌价值

豪顺是华南地区最大的液晶电视背板生产基地之一，公司产品在整个行业具有较高的品牌价值。公司通过技术创新、质量创新、管理创新等，提高了产品的技术含量，从而提高了公司品牌在国内市场的知名度和占有率。

五、效益

豪顺高层领导具有远见卓识，带领公司稳健良性发展，同时积极履行社会责任，使公司取得了卓越的经济效益和社会效益。公司被认定为国家高新技术企业，获得创新大赛优秀组织奖、科技进步奖等荣誉，并成为东莞市 2019 年“倍增计划”试点企业之一。

（一）经济效益

2017—2019 年，公司主营业务收入、工业产值、利润总额、资产总额、全员劳动生产率、万元总产值综合能耗水平等主要经济指标保持良好的水平和发展趋势。2017—2019 年，公司上缴利税总体呈现上升的趋势。

（二）社会效益

公司秉持“为客户创造价值，为员工提供机会，为社会文明做出贡献”的经营宗旨，坚持“诚信、共赢、创新”的企业精神，依据 GB/T 36000—2015《社会责任指南》建立了公司的社会责任管理体系，并持续改进。同时公司通过了 ISO 9001、ISO 14001、ISO 27001、QC 080000、ISO 45001、IATF 16949 管理体系认证，确保有效履行质量、环境、职业健康安全、信息安全方面的社会责任。

员工权益：公司建立了合理的薪酬福利体系，明确薪酬调整机制和激励约束机制，充分调动公司管理层及核心技术人员的积极性。公司严格遵守《劳动合同法》《安全生产法》等法律法规的规定，推行职业健康安全管理体系等，并修订完善有关劳动用工与福利保障的管理制度。公司按时、足额为职工缴纳基本养老保险、基本医疗保险、工伤保险、失业保险、生育保险和住房公积金等。

可持续发展：公司实行环境友好及能源节约型发展战略，切实推进与环境的和谐发展。在经营活动中，公司坚定推行生态设计，坚持清洁生产，为社会提供绿色产品与服务。除注重公司效益外，还勇于承担社会责任，配置了污水处理站等处理设施，针对生产过程中的废气、废

渣，配套建设了水渣分离净化及回收系统，并投入千万元建设先进的环保喷粉生产线等，实现环保生产。

公共关系：公司主动配合政府监管部门的监督和检查工作，涉及公司规范运作相关事项特别是重大事项时都及时向监管部门汇报和咨询，积极争取监管部门的支持。同时，作为社会法人，公司在生产经营活动中遵循自愿、公平、诚实守信的原则，遵守社会公德、商业道德，高度重视社会公众及新闻媒体对公司的评价，赢得了社会各界的普遍认同。

公益事业：公司在自身不断发展的同时，不遗余力地在东莞市以及全国适时开展各项公益活动。公司开展的公益活动聚焦于扶贫济困、社区活动以及基础教育等方面。公司在公益支持方面建立了管理和评估体系，并不断完善，做到持续开展、及时评估和后续跟踪。

祥鑫科技：质量管理实践总结报告

一、组织概述

祥鑫科技股份有限公司（以下简称公司）位于东莞市长安镇，成立于2004年，专业从事精密冲压模具和金属结构件的研发、生产和销售，拥有先进的模具制造技术和精密冲压技术，为华为、中兴、奔驰、宝马、保时捷、奥迪、广汽、吉利、宁德时代等客户提供精密冲压模具和金属结构件一体化解决方案，是东莞市“倍增计划”试点企业，也是国家高新技术企业、国家知识产权优势企业、模具出口重点单位、“全国五金模具产业知名品牌创建示范区”内的知名骨干企业，并建立了广东省汽车大型零部件模具工程技术研究中心、广东省企业技术中心及东莞市大型汽车模具、零部件工程技术研究开发中心。2019年10月25日，公司在深圳证券交易所成功挂牌上市（股票简称：祥鑫科技；股票代码：002965），是东莞市第 30 家上市企业。

二、质量

（一）质量控制标准

公司成立之初就严格遵循质量管理的基本原则，建立了较为完善的质量管理体系，目前已分别建立并实施了 IATF 16949：2016 汽车质量管理体系、ISO 9001：2015 质量管理体系、ISO 14001：2015 环境管理体系。

公司已按照 ISO 国际标准编制了相应的质量管理体系文件，编写了质量手册，明确制定了公司的质量方针及质量目标。同时，公司编制了相应的程序文件、质量检验规范、质量标准、各种操作手册和操作指引。在质量手册与程序文件中，对各部门管理职责及工作范围都进行了明确规定，并在借鉴国际企业先进管理经验的基础上，结合公司特点建立了一套科学、严格、高效的管理体系，实现了公司各部门的高效运行，保证了公司产品质量的稳定性。

（二）质量创新措施

公司各事业部均设有质量控制部门，负责质量管理工作，确保产品符合质量标准和客户要求，其职责为：根据产品标准，制定产品检验规范和生产过程中的各项检验标准；根据采购产品检验控制程序对来料进行检验，并作为供应商考核的重要依据；根据产品例行检验和确认检验程序对生产过程进行检验控制；根据过程监控和测量控制程序对过程进行控制；收集产品质量信息，进行统计分析，根据重要的质量信息提出纠正措施和预防措施，并跟踪验证其效果；负责监督检查各部门质量记录控制程序的执行情况，保证产品形成过程中的记录完整、清楚，实现可查证和可追溯。

为保证质量管理体系的有效性和持续性，公司每年组织质量工作专题会议和开展管理评审工作，并根据质量工作专题会议、管理评审的内容和建议，采取必要的纠正和预防措施，对质量管理体系进行改进。

（三）产品质量零纠纷

公司严格执行国家有关质量、计量的法律法规，没有受到质量、计量方面的重大行政处罚，也不存在因产品质量问题而引发的纠纷。

公司优质的产品质量及良好的售后服务赢得了国内外客户的广泛赞誉。公司近年所获主要荣誉如表 16-1 所示。

表 16-1　公司近年所获主要荣誉

序号	荣誉颁发单位	所获荣誉
1	东风马勒热系统有限公司	2016 年度优秀供应商 2017 年度最佳技术奖
2	佛吉亚（广州）汽车部件系统有限公司	2015 年度优秀供应商
3	佛吉亚（中国）投资有限公司	2015 年度优秀供应商之最佳突破奖
4	广州江森汽车内饰系统有限公司	2015 年度优秀供应商 2018 年度最佳服务奖

续表

序号	荣誉颁发单位	所获荣誉
5	中兴通讯股份有限公司	2015 年度最佳质量表现奖 2016 年度全球供应商最佳质量表现奖 2018 年度优秀服务支持奖
6	飞利浦（中国）投资有限公司	新产品开发支持奖、开发贡献奖
7	广州广汽优利得汽车内饰系统研发有限公司	2015 年度最具合作潜力奖 2017 年度优秀供应商 2018 年度优秀供应商
8	法雷奥	2017 年度最佳交付奖
9	广州华智汽车部件有限公司	2017 年度最佳协作奖 2018 年度优秀质量奖
10	广汽埃安新能源汽车股份有限公司	2018 年度品牌推广奖
11	沈阳马勒汽车热系统有限公司	2018 年度锐意进取奖

三、创新

（一）技术创新

公司自创立以来，在精密冲压模具研发方面，采用了先进的模具设计与制造技术，重点研究开发精密汽车模具设计制造中的关键技术，致力于提供技术先进、性能可靠、实用性强的精密冲压模具产品及相关金属结构件产品。

公司完成了模块化模具设计数据库系统及专家系统开发、汽车覆盖件冲压模具先进设计制造技术研究与开发、汽车覆盖件冲压成型模具制造技术等一体化技术及应用开发、智能化大型复杂模具设计、制造成套技术与装备的开发和应用等汽车模具前沿技术研究项目。公司在高性能数控铣削加工技术、翻孔内攻牙技术、整体冲压成型技术等方面取得了突破，在翻孔工艺、拉伸工艺、多工位级进冲压工艺等工艺技术上取得了重大进展。公司与安道拓 / 江森自控、法雷奥、马勒、佛吉亚、本特勒、奥钢联、延锋、奇昊、爱信精机、哈曼贝克等全球知名的汽车零部件企业保持了长期的合作关系，向其销售用于保时捷、奥迪、宝马、奔驰、沃尔沃、捷豹、路虎、大众等品牌汽车的精密汽车冲压模具及金属结构件，并已成为广汽集团、一汽大众、蔚来汽车、吉利汽车、长安标致雪铁龙、戴姆勒等知名整车厂商的一级供应商。

截至 2019 年底，公司及控股子公司已取得专利超过 300 项，其中发明专利 19 项。公司的技术研发优势具体体现在以下三个方面。

1. 先进的模具开发技术

公司长期致力于研究自动化在模具上的应用，通过参考国外同行相关领域的应用案例，成功地自主开发了自动化精密级进模具并广泛应用于金属结构件的大批量生产。公司研发的精密级进模具可以大幅提高生产效率（连续模冲次可达 20~60 冲次 / 分钟，机械手传送模具达 18~30 冲次 / 分钟），节约材料使用（降低 5%~20%），同时模具配备智能检测装置，可以有效保护模具和减少人工需求，更有利于规模化生产。

2. 超高强度板和铝镁合金模具成型技术优势

为配合汽车轻量化发展趋势，公司成立了专门团队，研究用于改善汽车轻量化材质——超高强度板和铝镁合金的模具成型技术。目前，公司掌握的超高强度板和铝镁合金模具成型技术的优势主要体现为：①在模具前期设计过程中，依据公司建立的经验库和软件分析技术，通过合理设计工艺零件和模具结构，有效解决成型过程中的开裂及回弹等工艺难题；②广泛采用复合模工艺和自动化技术，减少冲压工位个数，大幅提升生产效率；③公司模具冲压成型后的零件，焊接区型面公差在+/–0.2 mm 以内，能较好地满足激光自动焊接对零件型面公差 +/–0.3 mm 的要求，模具寿命最少可保证 100 万冲次。

3. 专业化优势

根据汽车部件分类及模具特性，公司建立了多个模具技术团队，负责不同领域的模具制造，从而使公司在各个专业领域的模具技术朝高、精、尖方向发展，增加了公司的竞争力。目前公司的模具技术团队主要如下。

（1）冷却系统 – 铝合金模具团队，该团队主要开发散热器中的主板、侧板、盖板以及各种接口。其中，主板上的插槽精度能达到 +/–0.03 mm，50~70 个插槽孔的位置精度在直径 0.1 mm 以内，该团队开发的“集液管级进模具”获得了中国模具工业协会的“精模一等奖”。

（2）汽车座椅系统模具团队，该团队能制作汽车座椅上全部的冲压部件。其研发的汽车导轨级进模具、冲压模具销量大幅提升；制作的各类座椅侧板、座盆件均采用大型连续模或机械手传送模，其生产效率（可提高 1.3~1.5 倍）和寿命均高于国内平均水平，最大寿命可达 500 万冲次。

（3）汽车底盘件模具制作团队，该团队对汽车底盘件模具成型工艺、模具调试技术具有丰富的经验，对焊接区切断可以达到 +/–0.2 mm 公差，对转轴孔的同心度可保证在 +/–0.1 mm 以内。

（4）大型铸铁模制作团队，该团队主要对大型铸铁模的成型、调试技术进行研发，其制作的模具尺寸达到 7 米 × 2.2 米，对油底壳、全景天窗、车门等零件的冲压成型和回弹处理具有丰富的经验。

（5）小型结构件、功能件模具制作团队，该团队负责小型结构件级进模的制作，对支架件、精密厚度功能件的模具成型有独特的经验，其流程化的模具开发和生产体系能快速完成模具的制造和交付。

4. 汽车白车身试制研发优势

公司成立了汽车白车身试制研发团队，该团队具备车身钣金件开发、柔性工装开发、分总成焊接、整车拼装交钥匙的能力，其研发的高强钢件、铝合金件试制开发工艺，使生产周期比传统工艺缩短 1/3 左右，质量稳定性大幅提高。同时，结合车身轻量化趋势，开发了一整套的试制工艺，包括 SPR（旋铆连接）、FDS（自攻流螺纹连接）、MIG 焊、铝点焊等，并应用到广汽新能源汽车的研发过程中。另外，收集和整理必要的工艺数据，为后期开发其他项目提供技术支持，为客户节约开发时间和验证成本。

（二）管理创新

公司成立以来，凭借严格的供应商筛选制度，与大部分供应商建立了稳定的合作关系，并在长期的合作过程中形成了良好的默契。供应商

能快速响应公司的需求，在较短时间内为公司提供合适的原材料，对公司生产周期与成本的控制具有重要作用。公司以技术和流程为主导的管理模式，使汽配模具制造周期控制在2~6个月。

此外，公司具备较强的精细化管理能力，已经建立健全了管理体系，在技术、设计、生产、销售等方面拥有较为丰富的经验。公司的组织架构健全，具有较快的组织反应能力。项目管理部门具有较强的项目管理能力，能够快速响应客户需求，高效合理地配置公司资源，及时为客户大批量供应优质产品。公司现已通过ISO 14001：2015环境管理体系、ISO 9001：2015质量管理体系和IATF 16949：2016汽车质量管理体系等相关体系的认证。

（三）创新价值

公司成立至今，一直专注于精密冲压模具及金属结构件的研发、生产和销售。公司主要产品包括精密汽车冲压模具、汽车金属结构件及组件，以及用于通信设备、办公及电子设备等领域的金属结构件。近年来，公司主营业务收入持续增长。

公司在精密冲压模具及金属结构件领域深耕多年，凭借技术、研发、生产、质量等多方面的优势赢得了国内外客户的广泛认可，并与之保持了稳定的合作关系。公司研发的精密级进模具，在生产效率提升、材料节约使用方面有明显的效果，同时模具配备智能检测装置，可有效保护模具和减少人工需求，更有利于规模化生产。公司被中国模具工业协会授予“中国重点骨干模具企业（汽车零部件冲压模具）”和“模具出口重点企业”称号。

汽车冲压模具及冲压件业务是公司的重点核心业务。公司与安道拓/江森自控、法雷奥、马勒、佛吉亚、本特勒、奥钢联、延锋、奇昊、爱信精机、哈曼贝克等全球知名的汽车零部件企业保持了长期的合作关系，并已成为广汽集团、一汽大众、蔚来汽车、吉利汽车、长安标致雪铁龙、戴姆勒等知名整车厂商的一级供应商，公司精密汽车冲压模具及金属结构件产品已广泛应用于保时捷、奥迪、宝马、奔驰、沃尔沃、捷豹、路虎、大众、长安标致雪铁龙、广汽传祺、吉利等品牌汽车。汽车冲压模具及冲压件业务的快速增长为公司的持续发展提供了保障。

在通信设备领域，公司开发了华为、中兴等知名客户；在办公及电子设备领域，公司的主要客户包括东芝、爱普生、理光等全球知名厂商。

四、品牌

（一）品牌管理组织及制度

表 16-2　公司品牌管理组织及制度

管理内容	分管领导的职责	统筹部门的职责	执行部门的职责
品牌发展规划	批准品牌发展规划	拟定祥鑫东莞系列品牌发展规划并组织落实	执行品牌发展规划
品牌管理相关规章制度	批准、发布品牌管理相关规章制度，并进行品牌管理的整体部署	讨论制定相关规章制度，提出意见和建议	执行相关规章制度

续表

管理内容	分管领导的职责	统筹部门的职责	执行部门的职责
VI 管理	审定祥鑫东莞 VI 系统	完善祥鑫东莞VI系统，组织发布并监督执行	日常维护祥鑫东莞 VI 系统
公司舆情管理	指导制定和实施应对措施	监控与公司相关的舆情动态，采取适当措施予以应对	配合公司的舆情管理
商标保护	审定、批准公司商标管理相关制度	加强对商标的法律保护，对公司拥有的商标及时进行注册、更新、续注等	执行本公司商标保护相关工作

（二）品牌宣传推广

公司注重运用多种平台和手段进行品牌宣传推广，不管是企业品牌还是产品品牌都倾心打造，推出了一系列以提高客户满意度为目标的举措和活动，更深入地了解客户的需求，同时也让客户更好地理解公司的经营理念和产品内涵。

1. 参加展会

表 16-3　公司参加展会情况

日期	地点	展会
2017 年 4 月 13 日	中国香港展览会议中心	香港春季电子产品展
2017 年 6 月 13 日	上海新国际博览中心	上海国际汽车模具及技术装备展

续表

日期	地点	展会
2017 年 10 月 13 日	中国香港展览会议中心	香港亚洲电子展
2017 年 11 月 6 日	美国芝加哥麦考密克	汽车模具及技术展
2017 年 11 月 7 日	德国斯图加特	金属加工展
2018 年 6 月 5 日	上海国家会展中心	中国国际模具技术和设备展
2018 年 10 月 23 日	德国汉诺威	汽车模具及技术展
2019 年 6 月 11 日	上海国家会展中心	中国国际模具技术和设备展
2019 年 9 月 17 日	巴西圣保罗	汽车模具及技术展
2019 年 9 月 1 日	深圳国际会展中心	国际工业零件展

2. 利用企业宣传手册、产品手册和网站

企业宣传手册、产品手册和网站是品牌建设的重要载体，公司非常重视企业宣传手册、产品手册的编制和企业网站的建设。《祥鑫画册》、祥鑫网站是公众、客户与公司交流的窗口，内容涉及公司简介、产品线，不仅宣传了公司的实力和产品质量魅力，也是公司了解市场动向、客户建议的重要途径。

3. 利用新媒体

公司建立了微信公众号“祥鑫科技”，利用微信公众号对公司实力和产品的质量安全进行宣传。公司开展了特色营销策划，提高了公司的品牌美誉度。公司编制了产品的电子画册，加强与客户、潜在客户等的沟通和联系，增强了客户黏性。

4. 实施品牌宣传推广策略，与社会多方建立战略联盟关系

公司用心经营各方关系，长期与当地展会、模具协会、汽车行业协会等保持良好的关系，在公开场合展示公司的品牌形象，增强品牌宣传效果。例如，参加有影响力的专业性模具设计大赛、模具设计技能培训机构举办的专业比赛，参加博览会及各种行业展销会等。

5. 加强品牌资产的保护

公司对使用的商标进行了保护注册，目前已取得“祥鑫”“祥鑫模具”等18个注册商标，涵盖三种类别。

五、效益

（一）经济效益

1. 公司主要经济指标

表16-4　2017—2019年主要会计数据和财务指标

单位：万元

项目	2017年	2018年	2019年
营业收入	141676.00	147782.00	159712.16
营业成本	106025.41	110066.96	93685.21
营业利润	16146.10	16265.98	17234.01
利润总额	16056.18	16271.76	17329.42

续表

项目	2017 年	2018 年	2019 年
净利润	13906.83	14087.27	15124.73
归属于母公司所有者的净利润	13906.83	14087.27	15124.73
扣除非经常性损益后归属于母公司所有者的净利润	13551.16	14768.15	14599.25

表 16-5　2017—2019 年经营指标结果

项目	2017 年	2018 年	2019 年
主营业务收入 / 万元	141328.85	147181.58	158980.97
利润总额 / 万元	16056.18	16271.76	17329.42
总资产贡献率 /%	18.15	17.13	11.52
资本保值增值率 /%	119.72	122.06	208.17
资产负债率 /%	47.64	44.10	31.06
流动资产周转率 /%	195.00	180.00	122.00
净利润率 /%	9.82	9.53	9.47

总结：公司 2019 年度实现净利润 151247296.62 元，比上年同期 140872708.50 元增长 7.36%。公司在稳步扩大规模的同时，注重保持和改善经营质量，近年来各项收益性指标在行业中均处于较高水平，显示出公司在行业内具有较强的盈利能力。

2. 与行业竞争对手的对比

表 16–6 存货周转天数经营指标与同行对比

单位：天

公司	2017 年	2018 年	2019 年
天汽模	269.76	235.86	216.03
威唐	169.95	149.81	231.64
行业平均值	219.86	192.84	223.84
祥鑫	56.58	69.63	88.59

表 16–7 结构件毛利率经营指标与同行对比

单位：%

公司	2017 年	2018 年	2019 年
天汽模	16.29	12.01	10.11
威唐	18.83	23.92	23.02
行业平均值	17.56	17.97	16.57
祥鑫	20.37	19.97	19.13

表 16–8 模具毛利率经营指标与同行对比

单位：%

公司	2017 年	2018 年	2019 年
天汽模	20.55	20.87	20.04
威唐	52.03	45.79	46.09

续表

公司	2017 年	2018 年	2019 年
行业平均值	36.29	33.33	33.07
祥鑫	40.74	41.59	40.12

总结：公司存货周转天数处于行业领先水平；结构件和模具的毛利率显示，公司资金经营情况相对较好。

（二）社会效益

公司始终牢记“创造财富，分享成果，教之以礼，约之以节，为创建富而好礼的文明社会努力不懈”的企业使命，践行“精益求精，诚信守约，多方共赢，回报社会”的经营理念，遵守法律法规、企业伦理，积极承担企业社会责任，以安全、高效、环保的方式开展生产活动，打造科学环保的发展模式，提升公司整体的可持续发展能力。

1. 职工权益保护

公司秉承“以人为本”的理念，依法维护职工权益，实现员工与公司的和谐发展。

（1）依法用工。公司严格遵守《劳动法》《劳动合同法》等法律法规，按照公司发展需求，平等招聘不同性别、地域、民族、宗教信仰的员工。自用工之日起，与员工签订劳动合同，并为员工缴纳养老保险、医疗保险、失业保险、工伤保险、生育保险和住房公积金等，没有发生克扣或者无故拖欠劳动者的工资、采取纯劳务性质的合约安排或变相试用等形式降低对职工的工资支付和社会保障的情形。

（2）创新员工薪酬福利激励机制。公司贯彻“价值创造，成果为王”的绩效导向，建立平台化薪酬体系，搭建“岗位工资＋月度绩效＋奖金＋股权＋福利”的薪酬结构，倡导“谁创造谁收益，先创造先收益，多创造多收益”，充分激发员工的积极性和创造性。同时，公司鼓励员工提升创新能力，在不同课题领域开展创新与技术研发，并设立了多个创新类奖项和激励措施，对员工创新成果予以厚奖，让员工创新成为公司持续发展的强大动能。

（3）保障员工生产安全。公司始终把员工的健康安全放在第一位，创新安全生产管理机制，建立安全生产管理体系，实现安全生产全覆盖，保障员工健康与安全。建立各部门生产作业操作规范，通过培训及可视化方式不断强调注意事项，落地标准化操作，做好风险点的防控，使安全意识深入人心。建立“公司—部门—场区”的安全生产防控机制，确定各环节的责任主体，真正将安全生产防控机制落到实处。持续开展安全生产技术创新，使安全生产管理简单、成本低，打造行业领先的安全生产管理机制。

（4）重视员工培训与技能提升。公司秉持“人才是企业发展的第一资源”的理念，高度重视员工能力提升，建立了完备的培训体系和晋升机制，采用专班培训、师徒传帮带、教练辅导、素质拓展、企业内部大学等多种形式，向每一位员工提供培训和学习机会，助力员工得到技能的提升和职业的发展，同时提升公司的核心竞争力。

（5）关心员工身心健康发展。公司以“让每一个员工过上幸福生活”为己任，深化员工关怀，丰富文娱活动，开展企业文化建设，营造乐观向上的职业氛围，帮助员工过上高品质的幸福生活。

2. 环境保护与可持续发展

绿色发展是国民经济和社会可持续发展的基础。公司坚持绿色发展理念，施行清洁生产，减少大气污染；全面践行节约资源和保护环境的基本国策，大力推进环境管理的制度化、精细化；以“减量化生产，无害化处理，资源化利用，生态化循环”为原则，持续创新环保技术，加大环保投入，提升环保标准，强化环境管理。

3. 股东和债权人权益保护

公司严格按照《公司法》《证券法》《上市公司治理准则》《深圳证券交易所股票上市规则》及有关法律法规、规范性文件的要求，结合本公司的实际情况，不断完善由股东大会、董事会、监事会、管理层组成的公司治理结构及内部管理制度，充分确保权力机构、决策机构、监督机构、经营层之间权责明确、运作规范、互相协调制衡，为公司的高效运营提供制度保证。

公司认真及时履行信息披露义务，严格按照有关法律法规以及《信息披露事务管理制度》《投资者关系管理制度》等的要求，真实、准确、及时、完整地披露有关信息，保证法定信息披露的主动性、自觉性和透明度。通过实地调研、电话、传真、电子邮件和互动易平台等多种方式与投资者进行沟通交流，秉承公平、公正、公开的原则对待每一位投资者，切实维护公司股东的利益，特别是中小股东的合法权益。